怎样构建幸福家庭

卢青松　王　芳　编著

金盾出版社

内容提要

幸福家庭涉及生活中的方方面面。本书从婚姻、感情入手，对现今社会上出现的诸如“丁克”家庭、离婚同居、周末夫妻等种种现象，及其产生的社会原因，做了较为详细的分析。全面而又具体地介绍了处理夫妻、父子、婆媳关系的一些技巧。特别是对夫妻生活的和谐、家庭妥善理财、成员间关系协调，建立和睦快乐的家庭，给出了切实可行的建议。

图书在版编目(CIP)数据

怎样构建幸福家庭/卢青松，王芳编著．—北京：金盾出版社，2005.8

ISBN 978-7-5082-3608-7

Ⅰ.怎…　Ⅱ.①卢…②王…　Ⅲ.家庭问题-通俗读物　Ⅳ.C913.11-49

中国版本图书馆 CIP 数据核字(2005)第 026884 号

金盾出版社出版、总发行

北京太平路 5 号(地铁万寿路站往南)

邮政编码：100036　电话：68214039　83219215

传真：68276683　网址：www.jdcbs.cn

封面印刷：北京精美彩印有限公司

正文印刷：北京蓝迪彩色印务有限公司

装订：北京蓝迪彩色印务有限公司

各地新华书店经销

开本：850×1168 1/32　印张：6.75　字数：175 千字

2009 年 4 月第 1 版第 4 次印刷

印数：25001—55000 册　定价：11.00 元

社会变迁与婚姻"突围"

(代序言)

家庭是生命的摇篮,是情感的港湾,是心灵的归宿。古人说"修身、齐家、治国、平天下",给予了家庭很重要的地位。虽然每个人的家庭境况各不相同,但对家庭的魂牵梦绕却无人不有。尤其是那些只身在外的游子。且听诗人孟郊的心声:"慈母手中线,游子身上衣",这是一个儿子对母亲的思念;再看杜甫的念妻之情:"今夜鄜州月,闺中只独看"。而"烽火连三月,家书抵万金"则反映了身处乱世的大诗人也不免有此恋家的情怀;还有王维的"遥知兄弟登高处,遍插茱萸少一人",一份如此真挚的手足之情跃然纸上;而"独在异乡为异客,每逢佳节倍思亲",则倾诉了无数游子的思乡情怀。

家庭对每个中国人来说,不仅是一个挡风遮雨的地方,更重要的是,家是一个灵魂的栖息地。少年的时候,渴望拥有一个温暖和睦的家,有疼爱自己的父母;青年的时候,渴望拥有一个温馨浪漫的家,有一个托付终身的另一半儿;中年的时候,渴望拥有一个平稳安定的家,夫唱妇随,同船共渡;老年的时候,渴望拥有一个完整幸福的家,子孙绕膝,尽享天伦之乐。俗话说"金窝银窝不如自己的草窝"。的确,外面世界的锦衣玉食不如自己家里的家常便饭。这在很大程度上是因为家庭所带来的心理上的慰藉。正如一首歌曲所唱:我想有一个家,一个不需要太大的地方,在我受伤的时候,我会想到她……

然而,随着时代的发展,社会的进步,传统的四世同堂式的大家庭已经逐渐被分散的、独立的小家庭所取代,家庭观念在人们心中开始逐渐淡薄，由此而产生了人们在处理家庭成员关系上的变化，特别是在年轻人对待老年人的态度上，甚至出现子女拒绝赡养老人；而婆媳关系不和导致夫妻离婚，兄弟为争财产反目，夫妻因第三者插足而发生婚变的事例更是屡见不鲜。我们的物质生活提高了，可我们的家庭生活却变得更糟了，这是我们不得不面对的现实。

本书针对家庭、婚姻出现的一系列新情况，试图从精神上、心理上引导人们树立正确的家庭理念，过一个健康幸福的家庭生活。对家庭中的各种关系，诸如夫妻关系、婆媳关系、父子关系、母子关系等等，着眼于生活中的琐事，给读者以具体的行事方法。对于家庭中的核心成员，不论是为人父母还是为人子女；不论是家庭生活中已经出现问题还是尚未出现问题的朋友，阅读此书，都会对促进家庭生活的健康发展，构建幸福的家庭，有所启迪。

编著者

目 录

1

婚姻不是人生的阻碍

婚姻使一个人踏入了人生的又一个旅程，开始了一种新的生活。

——题记

○大胆开放的新家庭成为主流

在最近的数十年里，离婚率、生育率、已婚女性的参与率，使家庭本身发生了显著的变化。而这些变化之巨大、迅速，已受到社会公众的广泛瞩目。

1. 传统家庭与现代家庭

(1)传统社会的家庭。在传统社会中，家庭扮演着相当重要的角色。亲属、家族可以帮助家庭成员抵御风险。当人们遇到天灾人祸时，可以依靠其亲属之间的帮助来克服危机。此时的一个家族就好像一个相当有效的“保险公司”，在这里，即使一个血缘关系较远、家庭关系较松散的小家庭也能够使家庭成员之间互相监督，防止他们偷懒和不关心他人。

在传统社会的家庭中，年纪大的人会受到大家的尊敬，因为他们拥有长年累月积累起来的生活经验，而这些生活经验对于家庭中的年轻人来说具有特殊的价值。这在婚姻方面有着突出的表现。婚姻是传统社会最重要的事情之一，因而一般家庭都会尽可能地避免与那些不诚实的家庭或者那些总是求助于别人的家庭以及那些可能会有损于自己名声的家庭联姻。这样，在其家庭成员的配偶选择问题上，家庭中的长者总是要进行相当严格的把关。这种情况在现代社会的一些家庭中，仍然或多或少地产生着影响。

有一篇文章写的是一个北京女孩与比她小5岁的打工仔相恋的故事。当她的父母发现两人的恋情时，一场家庭的暴风雨也就来临了。她的父母说什么也不能接受宝贝女儿爱上打工仔的事实，认为这简直就是胡闹，又何况女儿竟比那人大5岁。妈妈苦口婆心地劝她回头是岸，在母亲眼里，女儿就像是单纯无知的羔羊，被爱情迷惑了双眼,根本不知人间险恶。

作为母亲,她有责任让心爱的女儿迷途知返。女孩却执著于爱情——她选择了不回家。她的义无反顾让父母慌了神。女儿"着了魔",他们不能袖手旁观,于是便千方百计地阻止。"知女莫若母",妈妈知道女儿孝顺,硬的行不通,便采取"怀柔"政策。父亲的叹息和母亲的眼泪让她痛苦不已,她觉得自己快要疯了——她宁愿听到咒骂。后来她终于拜倒在父母的"关心"里,一切似乎恢复了平静。那个男孩每天下班后都伫立在她家楼下,期待着女孩能摆脱束缚,重新回到他的怀抱,整整等了半年,始终没有看到他的心上人,便绝望地回了原籍。而女孩变得郁郁寡欢,整天把自己关在屋子里,不见任何人,不接电话,不下楼,不上班。当她的父母带她去看医生时,被告知女儿已患了忧郁症。女孩的父母痛苦地吞着苦果。

中国传统的择偶方式是"父母之命、媒妁之言"。新中国成立后颁布的第一部法律《中华人民共和国婚姻法》,把婚姻自由作为法律制度固定了下来,由父母包办的婚姻自50年代起在城市已不多见,在沿海发达的农村也大为减少,但在内地一些农村则沿袭至今,如在甘肃农村的调查结果显示,包办婚姻高达60%。夫妻结识的主要途径为他人介绍,自己认识的较少,但地区差异仍十分明显。自己结识的夫妻原先是同事、朋友的为最多;其次是同学、师生,双方偶然相识的占7.5%,而介绍婚姻的媒介也以同事、朋友为最多,达32.3%;再次是父母或长辈亲属牵线的占20.9%;由婚姻介绍所或征婚广告搭桥成连理的最低,仅占0.2%。

中国人的求偶心态较谨慎、含蓄,多数人(女性更甚)不习惯通过公开的途径征婚,不少人视公开征婚为"骗婚者"的专利,所以利用社会中介组织或大众媒介征婚的人很少,加上在婚姻介绍所登记者的年龄、性别比例失调以及当事人自身条件和择偶要求的实际落差,也使公开征婚的成功率极低。

尽管随着年代的推移，父母托人或主动作媒促进子女婚事的比例略有下降，但反对和阻挠子女恋爱成功的却有所增加，因此从总体上看，家长对子女择偶的关注热情和介入行为并未随年代的更迭而明显减少。父母干预的正面、积极的影响大于消极、负面的影响 。他们对子女择偶所起的作用主要是牵线和参谋，除个别家长出于家庭利益而对门户不当或不合自己心意的子女婚事横加干涉、棒打鸳鸯的外，多数家长只是担忧子女缺乏经验或在热恋中不够清醒，是出于对子女的深爱和呵护，也是为了使子女能长久幸福而操心、参与。

研究结果也证实，父母不满或反对过自己所找的对象的被访者，目前对自己婚姻幸福感的打分较低，平均为 5.36 分，而父母对自己的选择满意的当事人打分则较高，平均为 5.90 分，这在一定程度上表明父母干预的正面、积极的影响大于消极、负面的影响。在中世纪的欧洲，许多婚姻是由家庭或者朋友安排的，而很少注意当事人的感情，在这种环境中，追求爱情的婚姻是很难被允许的，除非这一婚姻能够为家庭带来利益。在当时，你可以去爱一个娼妓，也可以在私下发生一些桃色事件，但是家庭在你婚姻伴侣的选择上却有着非常严格的标准，它决不允许爱情妨碍家庭福利目标。

在传统社会里，如果这些家庭要继续从维持一个大家庭中获取利益的话，那么，它们决不能允许自己家庭中关系已经破裂的已婚夫妇离婚。相反，却能够允许丈夫，有时也允许妻子通过姘居或者私通来寻求慰藉。

(2)现代社会的家庭。现代社会，市场推进了贸易和生产的迅速发展，高速发展的经济环境又进一步改变了技术、收入和就业机会。年长的家庭成员所积累的知识，已经远不如在传统社会中那样对年轻人有用了。因为，现在年轻人所面临的是与其前辈完全不同的经济背景。为传统工艺培养学徒的小型学校已经远远不如学生来自许多不同大家庭的大型学校更有效率。因为后者所传给学生的是适应新环境的一般性知识。传统社会中由家庭给学生们所提供的“资格证明书”现在已经由学校通过考试制度取而代之，并且契约和循环往复的商业活动减少了对原先那种资格证书的需求，对于那些违反合同的人可以通过制度予以惩罚，那些不称职或者不能胜任工作的人是根本无法混下去的。

在现代社会，通过给遇到灾难的家庭成员提供捐赠和借贷的方法而建立起来的家庭保险已经没有太大的作用了，每个人都可以在自己困难时通过到资本市场借贷、富裕时到银行储蓄的方法来进行“自我保险”，并且市场保险是建立在千万个家庭的经济基础上的，它可以对火灾、死亡、老年人、病人以及其他灾难提供一种任何单个家庭都无法比拟的有效保护。

所以，家族在现代社会已远不如传统社会那样重要了，因为市场保险已经代替了家族保险，市场学校已经代替了家庭学校，考试和合同代替了家庭的资格证明。家族不仅不再对关于监督和控制其成员的这类事情感兴趣，而且也没有能力再管这类事情了。每个家庭成员都在寻找对自己有利的机会。

家庭重要性的下降，说明了那些中层和上层社会的家庭成员是如何获得了在传统社会中只有贫穷家庭中才能拥有的自由和行动的自主权：子女们首先有权拒绝父母为自己所选择的配偶，然后他们有权利选择父母所反对的配偶，最后他们有权利在选择配偶时根本不去考虑父母的意见。

在现代社会，男女之间的约会，甚至十几岁的少年男女之间的约会以及为了得到更合适的配偶而在婚姻场上的广泛寻觅都变得更为常见了，因为人们是在寻找个人之间而不是家庭之间的和谐性，尤其是每个人都在积极地寻找他们自己所爱的配偶。不幸的是，爱情和个人性格特征在婚前并不像家庭声誉和家庭地位那样容易被确定，而后者在传统社会中是需要慎重考虑的事情。

2.“丁克”家庭

在20世纪80年代以来的中国社会中，特别是那些走在改革和市场经济发展前列的城市社会中，有一种特别的婚姻家庭现象已渐渐地引起了人们的注意：即一些有较高学历、较稳定职业和收入的青年男女，虽然结婚成家已有好几年，但仍然固守着“二人世界”的浪漫和自由；还有一些结了婚的男女，虽然已经生了孩子，却将孩子送到父母家代养，只是在节假日或周末才把孩子接回或到父母家与孩子团聚，其余的大部分时间，则继续品尝由二人世界带来的潇洒情调或尽情从事着自己喜欢的一切。

对于这样一种新生的婚姻家庭现象，我们的新闻媒介给它起了个很有点洋味的名字，称之为“丁克”现象或“丁克”家庭、“丁克”夫妇等。之所以用“丁克”一词来命名那些“固守二人世界”的夫妇，是因为“丁克”即英文DINK(Double incomes no kids的缩写)的译音，意即“双收入无子女”。换句话说，“丁克”夫妇即那些主动、自愿不生孩子的夫妇，也包括那些生了孩子却并未具体承担养育孩子事务的夫妇。

据悉，仅只那些自愿不生孩子的夫妇，目前全国各大城市加起来，总数就超过了百万对以上，如若再加上那些结了婚暂时不准备要孩子和生了孩子仍固守二人世界的夫妇们，其数字则可突破千万对(依据《中国社会中的女人和男人》发布的统计资料)。面对数量越来越多、影响越来越大的“丁克”夫妇们，该如何看待呢？

有人将这种自愿不育现象称之为一种新生的不育文化，并依据中国人口数量多、压力大且生育观念落后甚至陈腐(所谓生儿育女就是为了传宗接代，而不注重个人的现实幸福和个性发展等)的现实，肯定这种不育文化的先进和积极的作用，并主张在一定的人群(主要是那些低素质、多子多福观念严重的人群中)、一定的地域内加以提倡。还有的人认为，“丁克”现象的日益兴盛，在一定意义上说，是一种文化发达、文明发达的标志，并认为在我国现阶段，很多“丁克”家庭还都是大智大勇者，敢于冲破父辈祖辈的阻挠和反对、敢于面对社会的冷遇和讥讽而创立并坚持下来的，何况“丁克”家庭在降低人口增长速度、减少人口膨胀压力方面有明显的作用，因而主张对“丁克”家庭要“容忍、理解、尊重和适度提倡”。以上的两种看法不能不说都有一定的道理，甚至还可以说达到了一个相当的高度。

但是也有人不同意上述看法，他们认为一下子将“丁克”现象提升到一种“不育文化”和一种“文化发达、文明发达的标志”的高度，不仅为时尚早和言过其实，而且也显得空泛了一点，甚至会由此带来一些事与愿违的负效应。不可否认，传统生育行为之于当代社会，的确有着它的不合时宜性和负面作用。但传统生育行为还有更深一层的文化内涵和本质。其根本的原因并不在于人们慑于“不孝有三，无后为大”的儒家意识形态的影响，也不在于人们“传宗接代”、“养儿防老”、“多子多福”的实际考虑，而在于生孩子、养孩子是人生的一个基本动力源泉，生孩子、养孩子是被当成一种人生的基本事业来看待的。也就是说，只有生了孩子和亲身经历养育孩子的活动，一个人或一对夫妇，才真正意识到自己肩上的责任，才真正开始变得成熟起来，才真正体会到社会规范和文化规范的必要性与意义所在。从这个意义上讲，“丁克模式”不能算为一种积极的人生态度和人生方式，也不算为促进婚姻幸福和美满的一种方式。因为所有能够有益于人自身健全发展的方式，也必然是有益于婚姻的。“丁克”现象的出现，也表明了处在社会转型期和婚姻转型期的人们，在爱情、婚姻、生活能力、生育观、自我道德和自我人格评价等方面明显的自信心不足，以及存在心理困惑、观念误区等问题。

对于“丁克”家庭的不同看法，反映了这一新的家庭现象对人们价值观的冲击。其实，就个体而言，这只不过是一种生活方式的选择，完全是个人的自由，无须过多指责。

○现代婚姻面面观

纵观从传统社会到现代社会的婚姻,会发现现代婚姻与传统社会的婚姻相比呈现出许多的新特点、新问题,而这些问题不仅是历史学家、人类学者、社会学家所要研究的课题,更是关系到每个人终生幸福的事情。

1. 现代婚姻观

一位大学毕业一年,在一个重点中学当班主任的女教师说:“我真希望每天呆在家里,做做饭,洗洗衣服。其实,当个全职太太挺好的,现在真是太累了。”一个正在找工作的研究生说:“我真羡慕那些不用自己出来吃苦受累的贤妻良母,我给两个韩国小孩做过家教,他们的母亲就是全职妈妈。把自己保养得好好的,只管教育孩子,其他都不用操心。我觉得这样很好,对孩子也有好处。”

现在大多数女性对事业的理解不仅仅是找到一份好工作,她们也对家庭幸福抱更大的希望。对于这种现象,有专家认为:传统思维的影响是根本原因,在很多女性的潜意识中,“男性中心”的思想是得到认同的。男朋友是不是漂亮、是不是有钱,是否学历高、个子高成为女性择偶的主要标准。可是,在人群中特漂亮和特丑陋的都属于少数,而且容貌不能涵盖整个人品,所以择偶中的矛盾出现了。

一名28岁的白领,硕士学位,月薪万余元。他困惑于事业和婚姻哪个更重要?随着自己“市场价格”的提高,择偶的标准也在提高是不是正常?择偶都应该注意哪些问题?什么样的择偶条件比较实际?择偶条件中哪些是最重要的?白领女青年中也有着类似的择偶困惑。女性“休夫”成为离婚中常见的现象。

学者们认为:丈夫难当是社会的进步,说明如今女性经济地位、家庭地位、独立能力均有了提高，不依赖男性生活，因此对男性的情感、自身修养、社会地位、声望、金钱等各方面均有了更高的要求。一位经理说："我现在还没谈恋爱，因为我看到了太多的恋爱中的欺骗和隐瞒，以及脚踩几只船的男男女女。我理解人们这山望着那山高、想挑一个最好对象的期望，可是我不能容忍被别人耍弄，和我谈朋友的时候还在和别人谈。我自己也不能保证我爱上一个人就不再被别的男孩子吸引，只好不谈了。我觉得自己的热情越来越低，不知道什么人能够重新点燃我的爱情之火。"

人人都憧憬自己能够拥有"梁山伯与祝英台"那样至死不渝的爱情，新《婚姻法》中也规定"夫妻应当相互忠实"，可是让人备感失望的是，人们越来越多地听到的是离婚和婚外情，为什么期望和现实有这么大的反差？

现代婚姻难以确定生活的共同目标。市场经济中的现代家庭成员往往会有各自独立的目标，追求自我价值的最大实现，且为了种种利益需求，为了提高生活质量，为了物质实现的最大化，不得不适应现代社会的种种趋势。

市场经济使社会分工日趋专业化，职业日趋精细化，这就导致了许多夫妻在家中过着共同的生活，在外面则有着各自不同的交际圈、职业圈，可谓"各有洞天"。这种职业、交际差异性的显著也造成了家庭的一种变动性。

许多夫妻婚前有着种种浪漫的恋爱故事，山盟海誓，可一旦进入现实的婚姻，就一下子从浪漫转入最为平凡的生活，再加上婚姻目标的难以确立，而夫妻双方在职场、交际场上又会面临种种诱惑，"第三者"的现象难免会出现，电视剧中大量的婚外情剧便是现代婚姻问题的写照。另一方面，现代人面临着社会所施加的重大压力，加上社会转型期各种体制的不完善、市场经济的不规范，反映到人们的思想意识上，必然会造成价值观的不确定、模糊状态。

"婚姻是爱情的坟墓"已成为众多单身男女的口头禅。许多现代女性获得了经济独立以后，追求完美的爱情，而现实中的感情则不可避免地带有缺憾、不完满。她们在经历过感情挫折以后，索性过起一个人无牵无挂、无拘无束的单身生活。单身一族(无论男性或女性)在现代社会也是一种相当普遍的现象。

生活在现代社会中的男人又是如何对待婚姻的呢？男人似乎天性比女人更脆弱、更易感受到压力、更难耐孤独寂寞，所以选择单身的男人并不多，尤其事业有成者，身边总有美女相伴，难免会坠入婚姻的“坟墓”。然而“执子之手，与子携老”的爱情与婚姻，在现代社会似乎已成为神话。

现代社会的种种诱惑与压力给婚姻蒙上了层层阴影。《让爱作主》中的娄嘉仪，美丽温柔，善解人意，为了爱情义无反顾，然而她在追求自己所爱的同时却冲破了一些不该冲破的界限，伤害了他人。建立在伤害基础上的爱情会是美丽、坚固的爱情吗？没有原则、道德基础的爱最终会伤害了所有的人，最后破坏了婚姻，也会给社会带来不良影响，为人们树立一个不美的“榜样”。人常说“男怕入错行，女怕嫁错郎”，结婚对女人一生的影响往往要比对男人更大，因为女人是把结婚当作职业甚至是事业来看的。女人嫁丈夫，没有一个不想恩爱到老从一而终的。可惜婚姻是两个人的事，女人一厢情愿地想长久也未必就能长久。男人是善变的，今天爱你不等于明天爱你，中途情变另有所爱的事也是时有发生的。

具有现代意识和现代观念的人，大都能够对离婚持一种理解、宽容的态度——不再把离婚看作是“不光彩的事”，不再对离婚进行单纯的道德评价，更不认为离婚是一种道德上的“大逆不道”和忘恩负义，腐化堕落。只要婚姻当事人双方愿意，那么离婚就易如反掌。不过，凡事都有两个方面。随着离婚越来越自由、越来越简单、越来越容易，人们也渐渐地发现和感觉到，要想如愿以偿地组织起自己的婚姻以及善始善终地维持自己的婚姻，使自己的婚姻永远充满活力、温馨，充满和谐与幸福，的确是越来越不容易。

正处在转型期中的当代中国社会,一切都呈现出一种“不确定”、“吉凶莫测”、“吉凶杂糅”的特点。其中的每一种结果和每一种因素,都可能给婚姻带来一些新的不适应、新的困惑、新的矛盾、新的问题,乃至带来一些负面的冲击和影响。比如,商场上的风云变幻,就很有可能使一个富裕的家庭在一夜之间变得一贫如洗;相反,也可使一个贫困的家庭在一夜之间暴富。但无论是突然间由富变穷还是由穷变富,都会打破一个家庭或婚姻原有的“平衡”、生存方式和生活格局。如果处理不好这种变化或一下子没能完全调整好自己的位置以适应这种变化,那么自然而然地要影响到婚姻、家庭的和谐,严重的就可能导致婚姻的破裂。

2. 离婚同居——现代离婚新现象

(1)离婚同居的原因。“离婚同居”者无疑是现代婚姻破裂的一个独特类型。或许常人难以理解,离婚了为何还同居?既然同居,为什么要离婚?其实,这不是 1 + 1 或 1 - 1,个中原因颇为复杂。

——为了房子而选择离婚不离家可称为“离婚同居”的一种典型。作为靠工资吃饭的“城市工薪一族”,如果听到有人发出“结婚容易成家难”或者“找对象容易找房子难”的感慨,大概没有多少人会感到惊讶。

谁都明白,找对象、结婚之类的事情,人们完全能够做到自由和自主,但要成个家,最根本的也就是要能拥有一套属于自己的住房,否则是无法做到“自由和自主”的。这一方面是由于人们的工资里面根本不包括买房的部分,另一方面,在新中国成立后的相当一段时间内房子是不能买卖的。人们获得住房的惟一途径,就是等待所在单位的分配。而要想分到房子,除了有许多捉摸不定的人为因素外,还得有一个先决条件,即:要先结婚或先领到结婚证。否则,就别想分到住房,不管你是未婚单身还是离婚单身。近几年,贷款购房代替了实物分房制度后,由于各种原因,想拥有一套自己的住房仍然是普通劳动者阶层难以做到的。

房子，不仅准备结婚的男女要面对它，准备离婚的男女同样要面对它。二者的不同在于，如果结婚时有房子，双方便有了栖息地；如果一对夫妇将要离婚或已经离婚，起码会导致其中的一方无房可住、无家可归。

夫妇之所以要离婚的一个重要目的，就是要摆脱在婚姻中的痛苦和不幸。倘若离婚后因为房子的问题把自己搞得更加痛苦和不幸，那又何必呢？为了解决这样的矛盾，用离婚同居的方式“过渡”一下也未尝不可，说不定其中还隐含着许多未知的有利于恢复婚姻生机和夫妻爱情的因素呢。

身处当代的中国社会，人们感受最深、最持久的东西，也许就是一个“变”字——社会在变，个人也在变；国家在变，家庭也在变；爱情在变，婚姻也在变；工作在变，生活也在变；物质生活条件在变，精神需求也在变……正是这一切都在“变”的过程，给离婚提供了越来越显得宽松、自由的社会环境和法律环境。

——为了孩子而采取离婚同居是一种无奈的选择。法律意义上的婚约可以轻而易举地解除，但是，孩子离不开父母怎么办？一对感情不和的夫妇，极有可能相互看一眼都感到厌烦，但对于他们共同抚养的子女却会有一种完全不同的态度。虽不能说那种因夫妻自身不能相爱而迁怒或嫁祸于孩子的现象绝无仅有，但多数情况下，那些爱情失谐的夫妻会用加倍的爱去对待孩子。

为了不给孩子造成太大的负面影响，也为了不让孩子突然面对父母的离婚而一下子难以适应，有些夫妻在选择离异时采取了“离婚不离家”的方式。也就是，他们虽然办了离婚手续，但却仍然同吃同住在一起，保持着原先没离婚时的生活格局。同时，因为彼此之间已经没有了婚姻的约束，有的只是对孩子的同样的爱，和怀着给孩子创造一个良好成长环境的同样的目的，他们相处时甚至会比离婚前显得更和气、更能相敬如宾。

——债务人为保护婚姻而采取的手段。近年来,因为债务纠纷而到法庭办理离婚手续的案子有上升的趋势。其共同的特点是,债务人主动申请离婚,并要求将全部财产判给对方,造成无偿还债务能力的态势,以对付债权人的追索和法庭的强制执行。以这种方式离婚的夫妻,尽管从法律上讲已不能算作是“夫妻”,可是事实上夫妻还是原来的夫妻,婚姻也还是原来的婚姻。此类“离婚同居”者的离婚,显然不是那种想要解除原有婚姻的“离婚”,而是正好相反,要用“离婚”来保住原有的婚姻。从经济信用和法律的角度来看,这样的“离婚”也许并不可取,但从婚姻的角度去看,又不能不说是人们给“离婚”赋予了一种新的功能——保护婚姻、增强婚姻抗震能力的功能。

(2)婚姻的小“插曲”。事实上,许多采用离婚同居方式的男女,最终并没有走向彻底分手,而是重归于好,重温夫妻情深。于是,离婚同居本身也成了其整个婚姻生活中的一段小小的插曲——有的甚至是一段“浪漫”的插曲。

例一:一对男女大学时是同学,大学毕业后成了夫妻,在他们婚后共同生活的十多年里,虽也平平静静、客客气气,既没有大吵也没有小闹,可就是很少有过痛快淋漓的欢笑。他们心里也都明白,彼此都是好人,也都想好好地爱对方,可无奈就是找不到夫妻间那种浓情蜜意的感觉。于是他们都想到了,或许他们真的没有作夫妻的缘分,而只能作为一对朋友。在一番理智的考虑和心平气和的协商后,两人决定离婚。离婚后女方要搬出去住,男的说:“你都三十几岁的人了,去单身宿舍与那些没结婚的小姑娘挤在一起,与你爱静的性情不符。你就暂时住在家里吧,等以后有了新的情况再说。”女的听到这样的一番言语,自然是感激不尽,又不禁想起男方的种种善良、种种优点和长处来,甚至为自己不能与其共续婚姻缘分感到“遗憾”,反倒生出几分留恋来。

例二:一位女士,丈夫到海南去发展了,留下她一人独守空房。

说起他们婚后在一块生活的日子，应当称得上情投意合，形影不离。不过现在分开了，且丈夫又是在海南那样的特区，她很难相信他会耐得住寂寞和异性的诱惑。有了这样的想法，再加上她本人“渴望浪漫”、“渴望风流”、“渴望刺激”，就在与丈夫分别不久，便与一个小她几岁的男子发生了性的亲密接触。这种事情，当然不可能永远把丈夫蒙在鼓里。当丈夫听到妻子的事情后，尽管他自己在外也没能守身如玉，常与一些女人粘粘连连，甚至在理智上也能理解妻子的所作所为，可于感情上还是有一种受辱、受伤害的感觉。这种感觉像一块沉重的石头压在心头，使他不管走到哪里也不管在做什么，都难得舒适、轻松。于是，他终于向妻子摊了牌：为了各自的尊严、体面和自由。他们虽然离婚了，但并没有因此把已经建立起来的家也给破坏了。于是也就有了后面的故事：每当他从海南回来，就像没离婚时一样住在前妻的家，和没发生过任何事的家庭别无二致。至于在此前或此后，彼此曾和谁在一起，已经无关紧要，也无需过问，更没有谁负谁的问题。因为双方在法律上已没有了婚姻的约束。

当今婚姻，随时随地都有可能遭受到来自各个方面、各种各样的冲击、破坏和伤害。其中最经常碰到、也最难以承受的打击和伤害，莫过于“婚外恋”和“婚外性关系”。

虽然现今的时代早已不再崇尚“饿死事小，失节事大”，人们也不再刻板地、不分青红皂白地将所有的“失贞”都认为是罪不容赦，但若自己的妻子或丈夫真的出了这样的问题，感情上、心理上总归还是不大容易接受的。离婚，常常也就成了人们求得心理上、感情上平衡的一种重要的手段和方法。当今离婚案件中，因“婚外情”、“婚外性”导致离婚的数量占绝大多数，并仍呈上升趋势，就是一个很有力的佐证。人们之所以用离婚的方法来求得心理平衡，一方面是因为在婚姻的过错方（姑且这么称呼），往往把离婚看作是对自己的一种惩罚，借此向对方表达自己的愧疚、歉意和悔过之心，从而获得一种良心的安宁和心理上的平衡(就如向对方还了债);另一方面是因为,在婚姻的无过错一方,也常常把离婚看作是自己尊严、人格的一种保护和补救,以此来挽回自己在公众和社会中的“形象”或“脸面”。但果真离了婚,往往又会发现自己原本并不想离婚,离了婚后依然觉得离不开他(她)。离婚后又主动同居者,多半正是处于这样的情况。

也许通过“离婚同居”的调整和平衡,能让曾经失谐了的婚姻再现和谐与温馨。若能如此,实乃不幸之中的万幸!“离婚同居”有助于人们走出目前对婚姻的种种不适应、不协调、不知所措的状态,有助于人们调整、抚平因婚姻失误(主要是性的失误)而造成的心理失衡或心灵创伤,有助于人们摆脱那些虽已经发生但又毕竟已成过去且不利于婚姻将来的种种困扰和心境。

尽管现实中的“离婚同居”还存在着这样那样的问题与不足,但只要它最终是朝着有益于婚姻的完善、夫妻关系的协调、人性的返璞归真的方向走去,就不妨更多地肯定它,宽容它,理解支持它。当然,作为“离婚同居”者,在离婚后的同居生活中似乎该多作点自我反思、自我解剖和“改过自新”的事,而不要再错上加错,更不要在伤口上撒盐。总之,只要善心不灭,真诚不丢,美好就会回到身边。

3. 什么样的人最容易离婚

婚姻专家、心理学家通过大量的社会调查,发现以下几种人最容易导致离婚:

(1)权力欲、支配欲过高的人。婚姻的基础在于互相平等和相互尊重,一方总是凌驾于对方之上,必然导致婚姻关系的解体。想想:谁会一辈子生活在感情的篱笆下?他(她)也是一个鲜活的、有骨肉、有感情、有自尊的“人”呢。

(2)性生活极不和谐的人。性生活和谐与否直接影响到夫妻关系的质量。在我国,人们的两性观念已慢慢在改变,除追求物质生活的高水准之外,对夫妻性生活的质量要求也愈来愈高,有的甚至把两者完全等同起来,或看得更重,一旦对方不能满足自己的性需求,他(她)就会有“另请高明”的想法。

(3)早婚的人。过早结婚的人,往往比较草率,由于对充分履行婚姻职责的准备不足,缺乏一定的生活能力、处世经验以及成熟的人生观、价值观,随着年龄的增长和生活面、见识面、追求面的拓宽,加之复杂社会关系的影响,极容易与自己的配偶分手。

(4)有外遇的人。即使再“道德”的人,遇到了这种情况,一般他(她)都会不能自拔,一种从未有过的新鲜感更会深入其作为“人”的最本质的深处,并时时纵容他(她)与“旧感觉”说拜拜。

(5)“闪电”结婚的人。这等于一个商人发财心切,没经过深思熟虑,没深入了解市场行情,完全凭自己的一时冲动和对市场表象的主观感觉去鲁莽地做一笔生意,结果,他(她)失败了。

(6)性格过于一致的人。这是与传统观念唱反调的,但与磁场上“同性相斥,异性相吸”有异曲同工之妙。一个人爱争爱吵另一个人总是避而不应,与一个人爱争爱吵另一个人总是吵的更凶,这两对夫妻的爱情大厦孰稳孰不稳?

(7)父母离异的人。这种人往往性格冷漠、孤僻、缺乏感情交流的技巧和爱与被爱的能力。同时父母又为他们“树立”了离婚的“榜样”,作了后天的“遗传”,因而他们的婚姻往往容易破裂。

○在婚姻中找到自己的角色

婚姻像一棵小树，慢慢地长大，根越深，则树干抵抗风雨的能力就越强！

家庭中的婚姻问题，是一个最基本的问题。因为家庭作为亲属体，是以非血缘的一男一女联姻形式形成的。它是家庭的基础，也是家庭的基本形式。婚姻的生机不在于爱情的更新，而在于夫妻双方的责任心。夫妻是婚姻关系的主体核心，婚姻的稳定与否决定着夫妻生活的稳定与否，同时婚姻的稳定又取决于夫妻彼此之间的宽容和谅解，只有能够相互体谅的夫妻，才能拥有稳固的家庭环境来休养身心。

婚姻以爱情为基础，但婚后的爱情却会使精神转化为物质，化虚为实，在婚姻中包括更多的内容，如果在婚姻中一味地追求恋爱时的感觉，只能使婚姻关系难以稳定。

婚后夫妻之间的爱情在心理上会因为相互熟悉而激情相对减弱，责任和义务会大量增加，这时如果片面地追求爱的激情，总想回归那些浪漫的激情之中，会导致婚姻发生不必要的裂变。婚姻关系中最富凝聚力的是责任和义务，它是婚姻关系的重要保障。夫妻之间的生活观念可能不一样，所以也不要硬性强调性格情趣的相同，但是，婚姻的大义不能丢弃，才能调整好家庭关系，保持家庭的长期稳定。

一位作家说："所谓婚姻，就是将男性的权利减半，义务加倍。"

1. 角色的冲突与不协调

婚姻中的问题，归根结底就是男女双方在婚姻中角色、地位的冲突与不协调。如果把男人只看成是粗犷强壮的供给者，女人只是柔弱顺从的持家者，那么夫妇将不可能真正相互认识对方，也必会有“两性之争”发生。

现如今男人下厨房、洗盘子、推吸尘器，为小孩换尿布，做这些家务已属平常事，有的甚至也会编织衣物。而有更多的女人在外面辛勤工作，在家里也修理东西。她们也可以当司机、公司或机构的主管和国家公务员。

单身或离婚的女人不把主动与男人约会或付账当作一回事。年轻男人留长发和男女不分的服饰，使人难辨雄雌。有些人会很惊恐地问：“那么男女之间的性关系究竟变得怎么样了？”

“一场混乱！”有一些惊恐的社会学家这样回答。他们看到男女角色的颠倒，视为步向“无性”的悲惨路途的第一步。按照他们的说法，传统固定性角色的消失，容易导致对性失去兴趣。这种预测当然很荒唐。有趣的是，这些话是男人说出来的，很可能他们有自私的想法，害怕照这样发展下去，有一天他们要被赶进厨房。

对待这些惊恐的人，应该很清楚地说明，生理上的性需求和社会所规定的男女角色几乎没有关系。在我们的社会里，陈旧的固定角色实际上是禁止男人和女人完全表现人类自然的性和肉体上的乐趣。这些传统规定的男女角色实在太陈腐，阻碍我们达到心理上和性的满足，它们的存在对社会的发展是阻碍，是男女适应这个变动的世界的绊脚石。

把男女的职业和特征截然分成两类，等于是把夫妇分在两个不同的，而且是相反的窠臼里。我们必须共有男女的特质，而不是截然分开，这样不论男女，都能在适当的时候坚强或柔顺，竞争或轻松。只有透过超越男女性别的一般人性的发展，才能学会彼此了解，和谐相处。

2. 角色及其弹性

(1)婚姻改变了男女双方的角色。婚姻使两个人从一种角色转变到另一种角色。就像小男孩变成男人，小女孩变成女人。结婚典礼使你接受新的角色，你不再是一个男孩或女孩，而是一个丈夫或妻子。有些夫妇很难接受新角色——至少在一开始会不适应。有的婚姻是其中一人接受新角色比对方快。

有的人认为婚姻破坏了男女间的关系。以前两个人“因为我愿意,所以在一起”的那种心灵上的许诺消失了,两个人心甘情愿,彼此和谐,有弹性的关系消失了,取而代之的是一个彼此约束的合约,带着既定的权利、义务和期望。

有一位新婚者说:“结婚之前,什么都很自由、随意,一切都很好,于是我们结婚,但马上她就不把我当回事了。现在,我是丈夫,她认为我应该做这、做那,还要倒垃圾,不像结婚以前那样什么事都共同商量。可能你会说她现在了解我了,可是真的吗?”她的妻子也有相同的抱怨。事实上,他们都不再是从前的自己,开始扮演丈夫和妻子的角色。许多情况未婚时可避免,现在却不能。假若你的朋友或者你自己有了婚姻问题,常常会责怪到“人格”上。

“她就是这么神经质!”我们可能经常这样说。

“如果他不是这样一个暴君,我想什么事都能迎刃而解。”你的好朋友可能这样抱怨她丈夫。当然也有许多夫妇因为性格不和而分开。两个人婚前有那么美好持久的关系,婚后却问题丛生,可见一定另有祸首在破坏婚姻。事实上,夫妇的角色常常破坏婚姻关系。在早期的社会中,这些角色不论多合适,却不适用于今日社会。这些角色的力量只有使两个性格不和的人更加疏远。有的一结婚就很明显地露出问题,有的却潜伏好几年。

常常听到这样的话:“他(她)和当初结婚时大不相同了。”不同的原因在于,他(她)已经遵循那个既定的丈夫(妻子)角色,他(她)不是自己,只是在扮演那个角色。这些夫妇显示出婚姻角色对他们的强烈影响。

(2)角色的形成及弹性尺度。从生下来的那一刻起,男孩女孩就被分别裹在浅蓝或粉红的襁褓里,开始为将来的角色接受训练。小男孩学到的是必须富有攻击性,玩手枪、飞机;小女孩学会被动,玩的是洋娃娃。不需要打骂教育——我们都知道怎么样适合男孩,怎么样才适合女孩,分别得很清楚。我们也知道为了遵从这些期望得到了多少压力。女孩想玩手枪的话,一定被冷嘲热讽,但是男孩如果想玩洋娃娃,一定会被轻视得一塌糊涂。

人们接受这些区别,但是常常不去了解它们对将来生活的影响有多大。社会不只教男性和女性的特征是什么,还教他们男女的角色和男女关系。小男孩和小女孩办家家酒时,男孩很快就懂得他扮演的不是去哄娃娃睡,而是神气十足地从假想的门走进来说:"晚饭在哪儿?"如果是玩医生的游戏,男孩拿的是听诊器,女孩拿的是绷带。

这些活动都是在培养小孩子对男女关系的态度,日后就带进婚姻的生活里。很显然,社会更强调训练女孩作母亲的艺术,而不太重视训练男孩作父亲的艺术。事实上,女孩子要学会做一个妻子,而男孩则要学会做一个男人,一开始地位就不平等。即使在人们日常语言里,夫妇常被称为"男人和妻子",而不说"丈夫和妻子"。似乎要教导男孩成为一个丈夫,不像女孩必须成为一个妻子和母亲那样重要。丈夫在家的时间大约只有妻子的三分之一,做丈夫的角色只是"兼差",而她做妻子和母亲却必须是全天候的。

然而,现在有许多妻子不愿接受这个全天候的角色。她们要求夫妇间关系的改变,为了寻求这个改变,她们强迫丈夫去适应她们的角色。愈来愈多的妇女,倦于无止境的家务,开始走向社会成为职业女性。但是,职业妇女要负起双重的担子,因为除了职业以外,她还是摆脱不了做家务。丈夫在家也常常愿意帮忙,但是他很快就发现围裙把自己贬低,家务琐事令人生厌。

现在这世界的改变够大了,女人要求拥有更多的、一向属于男人的空间,但是男人并没有相对地转变,去愿意接受"女人世界"里的责任。毕竟男人永远明白,"女人世界"没有他们的世界好。在过去50年中,妇女受教育的机会一直在增加,她们也开始发现这两个世界的差异，不愿再忍受以前妇女的卑下地位。

一项社会调查显示，均分家务的夫妻为34%，女多于男的为21%，女承担大多数的为26%，女少于男的为5.3%，男做绝大多数的与女完全不做的为0，男完全不做的却为11%。家务劳动的女强男弱由历史、文化诸多因素造成，是一个十分复杂的问题。但比较而言，其走势更趋向男女均分。

照顾小孩的责任可以和亲人、丈夫或稍大的孩子共同分担。在许多社会中，男人积极地加入到照顾和训练小孩的工作中。除了“生小孩”这件事以外，在我们社会里，养育孩子也应该是夫妻共同分担的工作。作为母亲和作为父亲就该在父母之道中占同等的分量，不应有妻子或丈夫角色的不平等。

在已婚的夫妻中一项调查表明，竟有21%的夫妻业余时间几乎没有一起外出的机会，如旅游、游园、就餐等。其中绝大多数是已有孩子的夫妻。孩子的出现确实使二人间少了许多浪漫的机会。随着时代的发展，夫妻对孩子的观念已慢慢在改变。许多年轻人不想要小孩，妇女如果没有生育小孩，也不再觉得自己“不完全”。有孩子的妇女也渐渐明白，夫妻共同分担作父母的责任不只对父母有好处，对孩子也有好处。“丁克”模式不过是一种寻求人生快乐和婚姻幸福的方式和方法，至于这一方式方法能否最终使人们如愿以偿，更多的不是决定于这一方式、方法本身，而是决定于使用它的人及其相应的背景条件。

许多调查资料都证实了如下的事实，即在不育者或“丁克夫妇”中，干部、知识分子、外企的中国雇员、以及年龄在35岁左右的人占有相当比例。对此，人们往往较容易联想到，这些人之所以不愿生育，是因为他们的观念较少受传统的束缚，比较看重生活的个人体验和个人幸福以及把自我实现作为人生的最高目标(或曰注重事业的有所成就等)。当然，从更深的层次上讲，这部分人更多的不是因为没有时间生孩子，而是因为没有条件生孩子。这里所说的“条件”，不是指生孩子的生理条件，而是与生孩子有关的物质条件、社会条件和文化条件（人格的、心理的等）。

3. 婚姻中的聪慧男女

聪明的女人把男人的事情当作自己的事情，尽全力帮助；愚蠢的女人则让男人围在自己身边转，找不出属于自己的空间。

聪明的女人总是在男人心情最舒畅、思想压力最小的时候说出自己的批评意见，这个时候批评效果最好；愚蠢的女人不管三七二十一，发现男人的错误当即训斥，毫不顾及男人的面子，使男人非常尴尬。

聪明的女人总是拿男人的长处与其他男人的短处比，越比越觉得幸福满足；愚蠢的女人总是用男人的短处与其他男人的长处比，越比越觉得失望悲观。

聪明的女人看准时机提醒男人忽略了的事情，尽量不使男人出现麻烦；愚蠢的女人总是喋喋不休地挑剔男人的小毛病，使男人为一些小事劳心费神，无暇顾及重要的事情。

聪明的女人总是在公共场合赞美男人，尽管在枕边她曾严厉地批评男人的错误；愚蠢的女人总是在公共场合说男人的短处，尽管她在枕边对自己的男人也很满意。

聪明的女人总是把家里收拾得非常清爽整洁，让男人能在舒适的环境中生活；愚蠢的女人却经常使家里窝窝囊囊，让男人一见就皱眉。

聪明的女人能够帮助男人做个好爸爸，使男人得到孩子的尊重和爱戴；愚蠢的女人却总是让男人在孩子面前唱黑脸，使男人成为惩罚孩子的代理人，破坏父子感情。

女人如此，男人也如此。

○快乐才是家庭的终极

家庭中的快乐让天空中飘过的乌云变为春雨!

每一个家庭的组成必有它的故事与原因,或许是因为男女之间的爱情,或许是因为父母之命难违等等,但家庭组成的终极目的,就是快乐。

1. 孩子眼中的快乐

快乐,一个很流行的词,不论是在人的一生之中或是在婚姻家庭中,都是人们惟一最终的目的。

让我们来听听孩子的说法:

(1)在无所事事的下午打电话。

(2)与大人和谐相处。

(3)和小狗一起跑步、游戏。

(4)吃完饭后大声打个嗝。

(5)和爸爸吵架,把想要说的话都说出来。

(6)整天看书,忘了一切。

(7)意志消沉时,爬上高山,俯瞰大地。

(8)付出爱心,帮助有困难的人。

(9)做事成功后的喜悦。

(10)参加比赛得了奖。

(11)无所事事的日子里到书店逛逛。

(12)交许多知心的朋友。

(13)在炎夏,大口大口地喝水。

(14)能好好地思考。

(15)欣赏别人的优点。

(16)撒播自己的快乐,与人分享。

(17)超越自己,不自大自满。

(18)懂得知足。

(19)拥有一颗善良的心。

(20)拥有对人类和自己的爱。

(21)心安理得。

(22)懂得欣赏大自然。

(23)有开阔的心胸。

(24)对任何事都充满希望。

(25)只有自己一个人,自由自在。

(26)每天都没有功课的压力。

(27)跑到草丛里和堂哥一起捉昆虫。

孩子幼小的心灵看到的是纯真、光明的事物,这种快乐是无价之宝。大人在追求快乐的同时,应该帮助孩子营造追求快乐的环境和能力。

2. 快乐家庭测试

心理学的研究触角也延伸到了家庭这个细胞。在现代家庭中,青少年中积聚的郁闷情绪正在以惊人的速度增长。企图自杀的人数不断上升,令人触目惊心。未来的健康与快乐取决于我们所培养的孩子,虽然我们一直尽力为孩子提供他们所需要的一切,但没教给他们一种获得健康快乐的方法,或者说是过一种平静、快乐、融洽的生活的心理能力。

在这个严峻多变的世界中,你的家庭是一个快乐的家庭吗?你是否快乐?要想检验自己家庭中的健康与快乐,请做以下测试。如果可能的话,一家人一起参与这个测试,然后讨论你们的结果。

快乐家庭测试评分规则:

一直这样,2 分;有时这样,1 分;从不这样,0 分。

测试题:

(1)是不是每天至少有一顿饭全家在一起吃,而且气氛活跃融洽?

(2)家中是不是充满了笑声?

(3)是否尊敬和关怀家中的老人?

(4)有没有属于自己的谈话风格,已保持了多年,直到今天还愉快地进行着?

(5)是否有这样一种习惯:只要家里还有一个人在做家务,其他人就不会感到自己的家务已经做完了?是不是每个人都会尽力帮助任何人做任何事?

(6)是不是经常一起出去游玩,而且每个人都很乐意参加?

(7)是否很少看电视?

(8)一家人是否分享一切,是不是所有的家庭成员都感到他可以向家中任何人讲任何事情?

(9)是不是无论发生了什么,你们一家人都会相互支持、相互依托?

(10)你们家中是不是很少有争吵、辱骂或蔑视的现象。

按照评分规则把所得的分数计算出来,根据下列标准判断:

16~20分——一个快乐的家庭;

12~15分——需要分享更多的快乐;

11分以下——极其缺乏分享的快乐。

对于那些得分在11分以下,极其缺乏分享的快乐的家庭,是不是就无法改变了呢?当然不是。

3.快乐家庭秘诀

(1)共同营造耐心快乐的家庭气氛。一个家庭的整体心理状态影响着家中每个成人和孩子的心态,因此要培养一种耐心平和的心境。

现代精神神经学研究表明:人们的头脑并不是在出生时形成的。只要人们活着,大脑就不断生长出新的细胞和突触。从年幼的孩子到年长的老人,他们的大脑都会在家庭气氛和一种“连结大脑生态”的影响下不断发生变化。

大脑中究竟是描绘爱与欢乐的图景，还是刻下愤怒与仇恨的痕迹，这取决于整个家庭共同营造的气氛。心理免疫学研究表明，培养一个耐心而快乐的大脑是不可能的，但可以通过创造一个稳定、可靠的环境直接影响大脑的生长。在这个环境中，任何合理的情绪都可以被接受而不必担心受到指责。这一方法对成年人也十分有效，但相比之下，孩子的大脑更适于“快乐修剪”。

孩子出生时所具有的神经元或脑细胞数量远远超过他们成年后所需要的。在一个被称为“神经节剪”的过程中，大脑会减少不经常使用的突触，而增强那些使用次数最多的突触。这一节剪过程使大脑更集中于那些受早期经验影响的部分。因此，如果早期经验是一种平静、温和的家庭生活，那么大脑也会发展为一个耐心的大脑。相反，如果家庭中充满敌意、批评，身体和情感上充满了暴力，那么在大脑中留下的只会是愤恨、自私和不耐烦的痕迹。

节剪是一个连续不断的过程。旧突触的消退和新突触的形成仅需要几个小时或几天的时间。事实上，一个人从出生到成年，甚至到老年，其大脑一直处在被塑造的状态。如果我们在家庭中运用和灌输快乐处方，我们就等于建造了一座美丽的花园，使孩子们在关爱与快乐的气氛中融入到整个家庭中。

无论是作为父母还是作为一个群体，都负有培育下一代的责任。如果用正确的方式教育孩子，就会得到一个平和而耐心的世界。如果不顾孩子的脆弱，将他们暴露在忙乱、攻击和敌意中，就会培养出急躁、狭隘、自私的下一代。

(2)全家外出走走。目前的趋势是“穴居”，即人们一天到晚守在家里，很少出门游玩或到大自然中去。这一趋势使家庭失去了生活的光彩。

全家一起在户外度过的时间有多少？这个简单的问题能够说明一家人健康与快乐的程度。现有研究表明，缺乏阳光与色彩的生活会导致一种叫季节性情绪紊乱的病症,医学上称之为 SAD。其症状是:心情烦躁、无心工作或学习、逃避社会交往、自我责备、晚上辗转反侧难以入睡、早晨没精打采不愿起床以及缺乏在日常生活中享受快乐的能力。有 20% 的人患这种病是因为对光过于敏感。这种症状往往在 10 多岁时就会出现,然后可能延续一生。患 SAD 的人与经常情绪低落的人有一点不同,他们不但不会失去胃口,而且还会暴饮暴食。临床实验证明,患有 SAD 的个人以及家庭都处于一种缺乏健康光彩的状况中。

尽管存在着多种解释,但我们发现那些经常一起到户外去的家庭往往身体健康,气氛活跃,很少发生纠纷,即使有了矛盾也能很快解决。

如果想为自己的家庭创造一份欢乐,那么就尝试在周末一起出去走走。

(3)学会冷静。大脑比较容易冲动的部分是下半部分,而能控制这部分的区域却又恰恰生长得很慢。任何人都能培养出一个急躁、愤怒、自私、充满敌意的孩子,因为与这些情绪有关的大脑下半部分生长得很快,远远超过脑中那些平静、耐心、温柔的部分。

孩子在从童年走向少年再到成年的过程中,大脑是处于一种平和快乐的状态还是处于一种烦躁急迫的状态,父母和教育者起着决定性的作用。通过教育使孩子和青年人的大脑下半部分不能左右他们的行动;通过与他们交谈,帮助他们建立愉快舒畅的生活方式。这样能够使与这些积极情绪相关的前额部脑叶和脑循环发展起来,并逐渐起到控制作用。

对孩子进行的最重要的脑部训练之一,就是教他们如何在心情不好的时候使自己平静下来。当一个孩子哭闹时,看护人往往一边抚慰一边轻轻摇动他,这不但能够使孩子安静下来,还能教会他如何去抚慰自己和他人。

(4)关心每个家庭成员的感受。我们十分关注孩子学会说话的时间，却很少注意孩子是何时学会听的。我们的家庭和学校忽视了对情感的教育，即在孩子身上培养一种理解他人情感，一种体贴关怀他人的能力。

要想拥有一种健康快乐的家庭生活，必须走出自身，融入他人。不必担忧相互之间的依赖，而应努力培养彼此的支持与关怀。提高自身和孩子的情感能力的一个好办法是“感知的暂停”。这是在与他人交流之前先与其进行联系的方式。每当你要开口之前，先暂停几秒钟，默默观察一下对方，不要只猜测对方会对你的话做出什么反应，而是看看他当时的感受如何。试着去融合对方，而不是去影响对方。

(5)家庭中的相互关爱。很多时候，当孩子最需要温柔的关怀与抚慰时，我们却在身体和精神上远远离开他们。孩子们在遇到烦恼的时候，极其需要抚慰，同样我们也需要这样的抚慰。如果我们希望在工作、娱乐和感情世界中创造和谐，我们就必须恢复一种更舒缓更温柔的生活节奏。

有个现代版的家庭伦理故事，总结了温柔在一个和谐融洽的家庭中所起的作用：爷爷年纪很大了，身体十分虚弱，大小便失禁，每天需换好几次尿布。他现在需要有人关心、照顾，家里人轮流服侍他，谁也没有怨言。家里还有一个新出生的婴儿，也要给他换尿布。婴儿需要照顾，而爷爷通过一生的劳作赢得了别人的照顾，他为家庭所做的晚饭比新生的婴儿多得多。把爷爷和婴儿放在同一个“摇篮”里去关心、照顾，这才是一个家庭的真正含义。

快乐，给一个家庭带来的幸福是不可估量的，是每一个家庭不断努力寻找的感觉，对每一个家庭来说，快乐才是终极。

2

有交流的夫妻才有长久的爱

从猿类进化到高智能的人类，从始至终都在用这样或那样不同的方式交流着，家庭中，夫妻间的交流，比任何交流更为重要。——题记

◎倾心交流——家庭快乐的生机

语言使人类找到了表达爱的方式。

交流就是不同的人所产生的不同思想的互相交换与流通，最后达到一个双方认可的程度，从而使人与人之间的交往得以继续。无论哪种情况下的交流，口头交流都是最直接、最有效的方式。通常，交流可分为很多细小的组成部分，而且每个组成部分都有其有效性，其中包括交流主题的决定、交流过程中语言的措词、向交流对象表达时的语气语调等。当人们之间的交流进行得很顺利、很愉快时，应该说这个交流过程的有效性就比较高；而如果交流中不能互相理解对方所表达的意思或是很容易中断，这个交流过程的有效性就很差。

值得注意的是在恋爱、婚姻关系中，相当大一部分的交流，都是非口头性的，比如手势、动作、眼神等，这些非口头性的肢体语言，也都属于交流的一部分。

1. 夫妻间的交流

在每一个普通家庭最基本的组成因素——妻子与丈夫之间的交流是不可忽视的。

(1)婚前交流。对恋爱的男女双方而言，交流是联结双方感情的纽带。现代社会，男女之间自由恋爱。因此在恋爱的最初，双方必须经过一定时期的接触，期间必须经过相互交流才能确定对方是否是自己心目中的最佳人选，是否有共同的兴趣爱好，有没有相似的生活习惯等等。在恋爱过程中出现思想矛盾、认识问题的差异以及有关细节上的各种问题，都有可能影响双方的感情，阻碍恋情的发展，只有通过男女双方的交流，才能冲破各方面的阻碍，走入婚姻的殿堂。

(2)婚后交流。对于婚后的夫妻来说,交流则是维持婚姻的最强有力的支柱,也是把夫妻双方紧密联系在一起的纽带。但是婚姻中的交流比恋爱中的交流要更为复杂,更为重要。然而,由于平时人们都生活在与人打交道的社会圈子里,把交流看成是一件简单的不以为然的小事。殊不知要做到推心置腹地倾心交流而达到彼此心灵的契合,解决原本存在的思想对立甚至排斥的问题,绝不只是“我对你说出我的想法,我了解你的意见”那样简单。

——传统夫妻间交流。中国的每一个家庭,历代传留下来的“男主外,女主内”的思想多多少少占据了一定地位。丈夫往往奔波在外,为全家的生计努力工作着,背负着的是与妻子截然不同的责任。作为人父人夫、一家之主,他有不可推卸的责任去承担整个家庭的生活重担。而家庭的内部问题则无可置疑地落在妻子肩上。与家族亲戚的关系协调、子女的衣食起居、日常生活、丈夫除事业之外的生活琐事,都要靠妻子一手打理。

正是因为丈夫和妻子所肩负的责任不同、处理事情的范围不同,使得两个人之间的思维方式不同,再加上从医学的角度考察,男人与女人的生理结构的不同,决定他们最原始的思维方式大不相同。因此,夫妻双方要达到心灵的契合,就需要夫妻两个人自己去摸索,去适应,才能找到光明的出口,而他们手里惟一的工具,就是倾心的交流。

——现代夫妻间交流。现代婚姻中的男女双方一般都各自拥有自己的工作,一天 24 小时中,除去晚上休息的时间外,白天的绝大部分时间丈夫和妻子都为各自的工作忙碌。除非他们是同事,否则相聚的时间可谓分秒可数。如此算来,夫妻之间只有下班回家到晚上睡觉前那寥寥可数的几个小时相处,那么这段时间用来干什么?当然应该是交流。但是,交流什么问题,如何达到交流的有效性则是夫妻双方需要关注的。

一般而言,两个刚从工作环境中走出来的人的大脑最先产生反应、转为交流话题的必然是工作上的点滴,“再大的成就没人分享也不完美”。丈夫喜欢自己最亲密的爱人分享他的一切,而最能体现他作为一个男人最大责任心的就是工作上的成就。因此大部分的丈夫们都喜欢在享受家庭给他带来温馨与慰藉的同时,向妻子汇报自己在工作上发生的点点滴滴。而妻子一向是被丈夫呵护关爱着的,必然会因为想要与丈夫同步、夫唱妇随而迫不及待地向丈夫展示自己在事业上的工作能力,于是工作上的倾心交流就由此打开话匣子。

当然,聊工作不可能没完没了,工作只是日常交流的一个步骤而已,并不是全部。而丈夫、妻子在工作时间接触的就是彼此之外的形形色色的人,比如同事、朋友、亲人、顾客等等,因此有关人际关系的交流在夫妻之间也是必不可少的。分享和分担对方在人际交往过程中遇到的各种快乐与挫折是夫妻感情生活中的阶梯,每上一级,感情就会上升一步。此外,还有有关日常生活中娱乐、休闲等方面的交流也会让夫妻对彼此的生活习惯有更深入的了解,更有利于两个人培养共同的兴趣爱好,反过来也促进了交流的有效性。

2. 交流的方式

(1)口头交流。口头交流在人们的生活中占了很大部分。在口头交流过程中,学会运用各种交流技巧,对于提高夫妻间交流的有效性至关重要。在很多情况下,交流首先要注重的是语气、语调两个方面,而对交流产生的效果起决定性因素的是语言的措词。夫妻之间的口头交流,语气要温柔,语调要恰当,措词要合理,语言应具幽默感。有些人用词准确精辟,让双方产生共鸣;有的人语言幽默风趣,令双方心情愉悦;而有些人用词模棱两可,夸张虚浮,让人不知所云,也就出现了效果差异。所以,口头交流是最能直接体现出交流效果的交流方式。

(2)非口头交流。非口头交流是一个很广的范围,而在平时的非口头交流中主要有行为动作和书面文字交流。

——行为动作交流。比如,当丈夫受到很大挫折时,通常会把自己关在书房里,一般人都会认为他需要安静,而作为妻子,应该明白此时丈夫最孤独,最需要的就是自己的慰藉。是的,他需要安静,作为妻子,可以不去吵他,但如果此时妻子轻轻走到丈夫面前,把他当成一个伤心的孩子拥入怀抱,这一个细微的动作的分量或许超过几千几万句安慰的话。这就是一些行为动作在交流过程中的作用。

——书面文字交流。这种方式比较适用于分居两地的夫妻。书信传情,各自介绍自己的情况,加深彼此的感情。如果定期拍些照片随信寄上,效果会更好。这样,书信就成了感情的载体,对方见信如见人,读信如同心灵的对话和团聚。

交流是人们能与时代同步的前提,是人们彼此间形成默契的条件。倾心交流是夫妻间彼此了解的管道,是婚姻美满、家庭幸福的必经之路。

因此,作为家庭的两个顶梁柱,夫妻必须做到息息相通才能将美好的婚姻进行到底,也就是彼此倾心的交流才能使婚姻生活融两人生活为一体,让双方在共同的生活中找到精神的寄托。

◯控制情绪是维系感情的防火墙

有句东南亚谚语如是说:“不吵架的家庭让人羡慕,但暴风雨后的彩虹同样亮丽。”

在婚姻中,夫妻间难免发生磕磕碰碰,而怎么处理好这些不快或控制这些不快的恶化是幸福家庭与不幸家庭之间的区别。夫妻两个个体,都存在各自的个性,在一起生活必有对方不易接受的方面及缺点,从而引起彼此情绪抵触或冲突。这就要学会控制自己的情绪与不满,尽量用宽容大度的心态去面对对方的一切。

1. 夫妻冲突产生的原因

(1)力量和控制。家庭发生了力量和控制的问题,换言之,发生了权威之争——谁说了算?谁是头儿?当一个人想要用过多的控制使得另外一个人服从或者不让另外一个人独立地思考或感觉的时候,冲突就已在酝酿中或者轰然爆发。

(2)缺乏信任。缺乏信任会使夫妻中的一方有不安全感或无保障感。例如,如果有人认为他的配偶在疏远他或在两人中间制造隔阂,他就很可能会产生无保障的感觉,于是冲突就成为一个非常自然的后果。有些人能够把一些事情在心里搁得很久很久,然后它们会突然爆发出来。也许他们一开始把那些事情只看作犹待化解的问题,因此觉得自己不便把它们提出来。到一定的时候,未得到宣泄的那股怨气就犹如晴天霹雳般爆炸了。

(3)相互设防。夫妻关系比一般的人际关系涉及更深的情感交流,夫妻之间的坦露程度应该比较高。几乎每个人都渴望自己的另一半对自己敞开心扉,因为在不设防的交流中,更容易感受到与另一个人融为一体的踏实感和安全感。然而,当人们回到现实,却遗憾地发现,尽管人们都渴望不设防的夫妻关系,可是设防的婚姻关系却随处可见。正是由于一方自身的人性弱点诱发了对方同样的弱点,两个人之间不知不觉地树起了一道心灵的屏障。

在“坦白从严,抗拒更严”的氛围中,夫妻怎能不设防?或许有些人从小到大就不习惯向别人打开心扉,也不习惯努力理解别人的内心世界,于是,把心灵的围墙带进了婚姻,夫妻设防令人窒息。有时,为了逃避夫妻间的矛盾,有的丈夫也会设一些小防,比如为了既不愧对父母,又不惹恼妻子而藏点私房钱。设小防虽然是一个小小的权宜之计,但是如果没有从根本上解决与妻子的矛盾,小防一旦败露,就不能指望妻子在重要的事情上对他不设防了。

大多数夫妻不会彼此绝对设防,也不会绝对彼此不设防。然而,如果希望从婚姻中得到的不仅是“经济共同体,生产合作社”的好处,还包括与另一半成为一对相濡以沫的好朋友,那么,夫妻双方应该将拆除两个人之间的心灵之墙作为双方共同努力的理想。将两个生命永恒地联在一起的力量是爱。如果每个人在建设自己的婚姻过程中,始终把爱作为对另一个人精神需要和心灵成长的主动关心,相信会有更多的夫妻能够把握好设防与否的尺度。

(4)认识分歧。冲突源于认识分歧。他认为每次进餐的时候抽支烟并不要紧,而她却受不了;她觉得有人打电话来的时候不妨回答对方要找的那个人不在家,可他却认为那是撒谎;她要每个星期日都上商场,而他则喜欢呆在家里,真正缺东西时才去。重要的是得记住:并非所有的分歧都是消除得了的。遇到了无法消除的分歧时,妥当的办法是相互说一声:“我们两个在这一点上永远不会取得一致的意见。尽管如此,我还是爱你。我还希望,通过这些分歧我们会对彼此的感情和需要了解得更多一些。”

(5)相互竞争。人们可能由于相互竞争而发生冲突。有些人不能容忍自己在任何方面输给别人——甚至在为了消遣而下一盘棋的时候亦是如此。做丈夫的可能认为自己的妻子比他赚钱多而感到不舒服,决心在这方面非压倒她不可。他不希望妻子在任何方面与他竞争。就像女子追求一个成熟的、有理解力的、强壮的、文雅的丈夫一样，男子也追求一个幻想中的妻子；一个十分宽容的、永远可爱的、能理解人的妻子，一个母亲似的、情人般的妻子；一个无条件给予慈爱的“母亲”，一个会理家的电影明星，一个唯唯诺诺的追随者，一个温顺、讨人喜欢的“女儿”。

(6)个人间的差异。再恩爱的夫妻也会有发生口角的时候。关于恩爱夫妻，我们最熟悉的经典台词就是“一辈子没红过脸”，但这并不真实。这要么是谎言，要么就是一种悲哀。所有白头偕老的夫妻在一生漫长的岁月中根本不可能没有矛盾，差别只是矛盾的解决有所不同。无论对女人还是对男人而言，婚姻都是最难搞好的关系。世界上没有完全美满的婚姻，其原因很简单——世界上没有十全十美的人。夫妻之间的矛盾、冲突、争斗，通常被认为像“天上下雨地上流”一样天经地义。

夫妻之间的差异是造成婚姻不和谐的重要原因。任何两个人的背景、个性、需求、目的、动机以及情感反应都不可能完全一样。女人比男人更幻想获得完美的婚姻生活。在一项调查中，有近40%的女人说，除非得到满意的郎君，否则她们宁可一辈子独守空闺。同时，有近60%的男人认为只要对方令自己比较满意就可以了，只有不足10%的男人表示，他们非要娶个理想的女人做老婆。

女人渴望在婚姻生活中得到保护、关怀和钟爱，希望丈夫能满足她的一切要求，希望他在应该坚持某事时，表现得十分坚强；在应该让步时，又表现得十分明智。她还希望他每天都能用不同的方式向她表达爱情，以证实她当初决定和他结婚是完全正确的。这就要求和她同床共枕的那个男人是一个文雅、体贴、聪明、坚强的丈夫。这是一个综合体似的人物：既是讨人喜欢的奴仆，又是风度翩翩的情人；既是腰缠万贯的大亨，又是忠于爱情的骑士。这个尽善尽美的男人必须与她分享自己的一生，却又不以太多的琐事和个人忧愁惹她烦恼。事实是，世界上没有这样尽善尽美的男子，一个也没有。

男人也毫不例外地有着各种各样的要求。他希望自己被别人看成是有能力的、有价值的、可以信任的人,他内心可能怀疑自己不能成功,但是他不愿意向自己承认,更不愿意向妻子承认。他需要鼓励,不需要指教、争吵或批评;他需要加强自身的力量,以便能在激烈竞争的社会中生存;他希望确立自己的形象,即使错了,也不希望被指正,否则,他自己的形象就被破坏了。

他需要一个慈母般的妻子,不独断专行,会照顾他;他需要一个情人,一个既能吸引人,也能被人吸引的女子;他需要一个家庭主妇,她照顾家庭和孩子,并能够使他不做家务事也不感到内疚。他还需要有自己的消遣和爱好,而且不会被妻子指责。同样的事实,世界上也没有这样尽善尽美的好女人。

2. 化解冲突的技巧

有位名人说过:"如果你正在为冲突在你的婚姻关系中产生的消极性而深感痛苦的时候,那种认为冲突有利于婚姻的想法会让你听上去像是个残酷的玩笑。可是,从某种意义上说,婚姻的存在全由你不妨模糊地称之为争吵的东西决定,或者说全由分歧和不满表露的程度决定。关键在于你如何争辩——你的风格是会使紧张的关系升级,还是会使人产生缓解的感觉。"

霍华德·马克曼博士声称,冲突得以化解是爱情和婚姻得以延续的关键。他在长达20年之久的研究中发现,如果夫妇俩学会了化解冲突之道,世间的离婚率将会降低50%以上。请你想想看!多年来,离婚率一直停留在每两对夫妇里有一对离异的比例上。这一令人遗憾的统计数字是能被降低到每四对夫妇中只有一对离婚的——只要他们能够学会化解冲突的有效的方法。

应该说,任何一对夫妻都有不协调之处,只是程度不同而已。

专门研究婚姻问题的心理学家们认为,婚姻基本上有三种类型,即"不匹配的"、"需要改进的"和"需要完善的"。在三种类型的婚姻中,“需要改进的”和“需要完善的”在生活中占绝大多数,那种“不匹配的”婚姻在婚姻自由的社会里是极少见的。许多导致不得不解体的婚姻并不是“不匹配的”,而是由于他们没有掌握好处理夫妻关系的技巧。

改善夫妻关系毕竟是两个人——丈夫和妻子的事,而且一般来说,关键性角色大多由妻子来充当,因此掌握这些技巧是非常必要的。

(1)倾听。男子(你的丈夫)所要说的事也许对你来说并不重要,但重要的是他在跟你交谈。探讨一个问题不一定需要找到解决的方案,对你来说,此时最重要的是倾听,不管你多么不愿意,请饶有兴味地听下去。他感到烦闷消除的同时,也会感到他一时也不能离开你——他爱你。

(2)体贴。多用温柔的劝说,相互教育的关键是温柔地、逐步地进行。如果你希望他周末能陪你去看场电影,却未能如愿,那么你不要强求,也不要责怪,相反可以努力地去满足他的需要。切不可因为一次任性和执拗的胜利而沾沾自喜。那种方法偶尔为之是你的聪明,而把它作为常规武器则是你的愚蠢。感情上要相通,以诚相待。

(3)调和。在重大事情上要协调,在细小问题上要宽容。夫妻双方要互相体贴和增强责任心,而不是对生活中的小事斤斤计较,这样夫妻之间就可以减少不必要的冲突。因为在生活中令人烦恼的往往不是有关婚姻的问题,而只是一些小小的摩擦。由于夫妇总有不相容的地方,因此,在极密切的婚姻关系中,很明显地需要一种长期的、令人愉快的妥协。比如,他想郊游,你想访友,意见不一并不说明双方都没有道理。可以安排一下:这次郊游,下次访友;或者抓紧点时间半天访友,半天郊游,甚至可以邀友一起郊游。不要把调和看作是“屈服”。只有不成熟的、孩子气的人才期望自己的全部需要都得到满足。

(4)避免攻击和责难。当遭到攻击或受到批评时,人们会本能地保卫自己或者反击,这对婚姻是不利的。但是每人都有权利,实际是责任,让对方知道自己对某事的看法,知道这些事在自己心中的位置。指责别人,使别人处于错误的位置上,效果不会好。用缓和的口气对他说:“你这样做会使我生气。”但你万不可真的生气,频繁的生气会使他丧失对你的情绪的敏感。表达感情并不是要求别人改变,只是交流感情。不要这样说:“我不想去看你那些神经病的朋友。你叫我陪你去真是太自私了。”而应该这样说:“我不太愿意走亲访友,不过,我们可以想个法子使两人都满意。”“你从来没陪我出去转转!”这样的话很可能会引起他的抵触心理。不要用奇怪的腔调,可以换一种方式说话:“我们都累了,这星期天或下星期天我们出去吃一顿好吗?”也许说话时的感情比措辞更为重要。放弃评论、批评、攻击的口气,用亲切的口气。如果你没感觉到他的爱就诉苦,这样做大概不会使你变得可爱。

(5)满足对方的正当需要。不要只关心自己的需要是否得到满足,要努力去满足对方的正当需要。爱应该是无私的,爱就是发现并满足他人的需要。由于人类的自私心理,夫妇往往不愿意发现对方的基本需要。恋爱期间的情侣互相表现出一往情深的关怀,只要能保持这种关怀的1/4,就有希望建立幸福的婚姻。不要因为自己的需要未得到满足而闷闷不语,或者怒气冲冲。比较好的办法是坐下来谈谈自己的需要。

(6)互相信任。彼此信任是促成夫妻关系亲密的重要因素。有一种人总觉得自我形象太差,对自己缺乏信心,同时又时时感到别人以至配偶也瞧不起自己。这种人惧怕与人亲近,往往觉得自己一无是处,为了掩饰这个“事实”,他们尽量与别人疏远,甚至包括自己的亲人。而有的人畏惧投入太多的情感,是因为他们曾在这方面受过伤害,特别是早期不被父母接纳者。事实上,那些惨痛经验所留下的创伤,是可以借着亲密的爱情来弥合的。作为配偶,要有耐心、爱心，肯花时间去赢得对方的信任。爱是一种互惠关系，只要充分信任对方也信任自己，毫无顾忌地投入自己的感情，亲密关系就会建立起来。

一般来说，保持任何人际关系的良好状态都有赖于双方彼此分享有关个人信息的程度。人际关系心理学将“自愿、有意、有选择地把自己的真实情况告诉别人”的行为称为自我坦露。如果关系双方的自我坦露是相互的、不断深化的，那么他们的关系也将不断深化并趋于良好。如果一个人通过自我坦露能得到对方的理解和接纳，并相信对方不会诋毁自己的尊严，他(她)就愿意与对方进一步分享更多更深的个人信息。正是在这种相互深入的自我坦露过程中，彼此的信任和理解不断增加，两个人的关系才会变得更加深厚和亲近。

3. 童话《老头子总是不会错》给我们的启迪

安徒生有一则童话故事叫《老头子总是不会错》，相信很多人都读过。

故事说的是：乡村有一对清贫的老夫妇，有一天他们想把家中惟一值点钱的一匹马拉到市场上去换点更有用的东西。老头子牵着马去赶集了，他先用自己的马与人换得一条母牛，又用母牛去换了一头羊，再用羊换来一只肥鹅，又由鹅换了母鸡，最后用母鸡换了一大袋烂苹果。在每一次交换中，他都想给老伴一个惊喜。当他扛着一大袋子苹果来到一家小酒店歇息时，遇上两个英国人，闲聊中他谈了自己赶集的经过，两个英国人听得哈哈大笑，说他回去准得挨老婆子一顿揍。老头子坚称绝对不会，英国人就用一袋金币打赌，如果他回家未受老伴任何惩罚，金币就算输给他了，三人于是一起回到老头子家中。老婆见老头子回来了，非常高兴，又是给他拧毛巾擦脸又是端水解渴，听老头子讲赶集的经过。老头子毫不隐瞒，全过程一一道来。每听老头子讲到用一种东西换另一种东西时，她都十分激动地予以肯定。“哦，我们有牛奶了”，“羊奶也同样好喝”，“哦，鹅毛多漂亮！”“哦，我们有鸡蛋吃了！”诸如此类。最后听到老头子背回一袋已开始腐烂的苹果时，她同样不愠不恼，大声说：“我们今晚就可吃到苹果馅饼了！”不由搂起老头子，深情地吻他的额头……其结果不用说，英国人就此输掉了一百多镑金币。

初读这篇童话时，还不能理解这其中的深刻含义，以为是安徒生在讽刺嘲弄愚蠢的人，或是在宣扬“夫唱妇随”。随着人生经历和婚姻的不断磨炼，才慢慢解悟了安徒生的精妙用意。他是要告诉人们，在家庭生活中夫妻之间最重要的基础是宽容、尊重、信任和真诚。即使对方做错了什么，只要心是真诚的，就应该重过程重动机而轻结果，这样才能有家庭的和睦。夫妻的恩爱、宽容是善待婚姻的最好的方式，充分理解对方的行事做法，不苛求不责怨，必然给对方以爱的源泉，婚姻一定如童话般妙趣横生，和美幸福。爱是一门艺术，信任是爱的精髓。

◎从相互影响中找到谐振的频率

把快乐传给家庭中的每个人,幸福就在这儿长大了。

1. 相互影响的夫妻心理

夫妻间的心理是相互影响的。当妻子有心理疾病症状时,丈夫则会产生身体不适、强迫和敌对症状;当丈夫有心理疾病症状时,妻子则倾向于产生抑郁、焦虑、人际关系敏感和精神病症状,可见夫妇的心理疾病症状可交互影响。心理学家结合影响夫妻双方的102个心理社会因素,进行分析研究,揭示了对丈夫心理健康水平影响最大的两个因素:妻子的抑郁、偏执情绪;居第三、第四位的是丈夫自身的婚姻、人际关系发生的问题;第五位为个性中的易紧张性。而对妻子心理健康水平影响最大的则是自身的人际关系问题,其次为丈夫在婚姻、工作、经济方面所发生的问题。

对不同年龄段的家庭研究表明,30至39岁的夫妻精神负荷明显加重,不愉快的情绪体验明显增多。妻子主要表现在身体不适、强迫、恐怖、精神方面;而丈夫则主要表现在人际关系、强迫症状、抑郁、敌对情绪上。这与人到中年所面临的婚姻家庭、工作、经济及人际关系等问题明显增多有关。不愉快的生活事件可引起人体免疫功能下降和神经内分泌功能紊乱,造成心理损害和身体疾病。研究证实,妻子遭遇的不愉快所造成的精神紧张,可"转嫁"到丈夫身上,使丈夫心理痛苦值升高,心理健康水平下降。

对夫妻双方的个性探讨揭示,妻子聪明富有才识、善于抽象思考、严肃冷静、审慎寡言、信赖随和、易与人相处,丈夫则倾向于心理健康和躯体健康;而妻子思想迟钝、学识浅薄、怀疑刚愎、固执己见,丈夫则倾向于病理心理症状多且易罹患各种躯体疾病;妻子创造能力低、新环境中成长能力差、情绪易激动、易生烦恼、不能以正确的态度应付生活上遭遇的阻挠和挫折,则丈夫倾向于心理健康水平低,创造能力和新环境中的成长能力下降。

社会支持对夫妻双方的心理影响也是很大的。社会支持一类来自客观的、可见的或实际的支持,包括物质上的直接援助和社会网络、团体关系的存在和参与;另一类是主观的、体验到的或情感上的支持,包括在社会中受尊重、被支持理解的情感体验和满意度。良好的社会关系有益于健康,而不良的社会关系则损害健康。妻子所获社会支持的多与寡对丈夫的身心健康也有明显的影响,妻子所获得的社会支持越低,丈夫的心理健康水平也越低。

2. 夫妻间的相互吸引

多数人会认为,恋人之间才需要吸引,结了婚以后低头不见抬头见,吃一锅饭睡一张床,就不存在相互吸引的问题了。

其实,组成家庭以后,有意识地加强夫妻间的相互吸引,是十分重要的。一方面夫妻纠纷大都出自双方缺乏吸引力,另一方面相互吸引的持续会使家庭生活更加幸福美满。夫妻间的相互吸引主要在于能够引起心灵上的共鸣,即所谓"心有灵犀一点通"。

夫妻之间应怎样加强吸引力呢?

(1)充分表现异性特征。增加夫妻双方的个性魅力、充分表现各自的异性特征会加强爱情的生命力。有不少人认为,反正已是夫妻,不再需要卿卿我我地谈情说爱,没有必要打扮自己了。其实,尽管夫妻不同于恋人,不需要刻意去打扮,但是注意适当修饰、保持在爱人面前的美好形象还是十分重要的。当然,增加异性魅力、充分表现异性特征不能单纯依赖外表的变化,更应注意气质。比如,做妻子的平时讲话惯于粗声粗气,如果能够学得温柔一些,就会使丈夫感到一种新的吸引。

(2)注意调节感情变化的节奏。大多数人在生活中都会有这样的感受,夫妻朝夕相处觉得习以为常,可一旦分离就会朝思暮想。这就是因为环境的变化使感情在个性感受变化中产生了活力。也就是说，要加强夫妻之间的相互吸引力，应注重调节感情节奏的变化。夫妻之间的暂时分离有助于增进感情。

(3)丰富生活，造成心理上的新鲜感。在日常生活中，夫妻应通过丰富生活的方法来造成彼此心理上的新鲜感，加强吸引力。如隔一段时间去外地旅游、参加文娱活动等等，都能起到调剂生活和丰富生活的作用，让夫妻双方都能充分领略生活的乐趣和爱情。

(4)注意性生活的和谐。和谐的性生活是强化夫妻感情的黏合剂。因此，夫妻双方都要注意在性生活上互相积极配合，使每次性生活都能增进夫妻感情。可以说，和谐的性生活是加强夫妻之间相互吸引的有效途径。

3. 相互影响的负面作用

夫妻间的相互影响又有负面作用。一些婚姻问题专家经过多年的调查研究，发现造成负面影响即感情危机的原因大致有以下几种：

(1)相互间的反感。这种情况表现为：你不要看我，我不要看你，双方各自为政，互不干涉，对一些必须合作的问题，往往采取旁观、冷漠、嫌恶的态度。造成这种情况的主要原因是夫妻双方或一方有坏脾气，把夫妻生活仍旧当作单身生活来处理，在各个方面只顾自己，不顾他人，对丈夫或妻子采取一种不合作的态度，不管说话做事，只要自己愿意；听不进任何反对意见，如果对方稍微表示一下反对，便大发脾气。时间长了，使对方出现了反感，一方对另一方的言行举止总感到不顺眼，甚至嫌恶。

(2)彼此间的不忠实。一般地，夫妻在结婚前都有一个君子协定，比如说“家务活谁多干一些”，“家庭经济收入如何处理”，“个人的交际活动互不保守”等等。但若夫妻的一方不遵守或破坏诺言，那么婚前的海誓山盟，就会付之东流。日常生活中，有的夫妻双方私自与异性朋友过往甚密。一方的不忠实，往往会连锁性地引起另一方的不忠实与怨恨，最终陷入相互猜疑的泥坑中而不能自拔。

(3)不良的个性。夫妻生活在一起,仍需保持各自的独特个性。一个人缺乏个性,则会使与他(她)同处的人感到单调和乏味。一个缺乏个性的丈夫不会得到妻子的欢心,同样,一个缺乏个性的妻子会使丈夫觉得味如嚼蜡。恶劣的个性是造成夫妻冲突的重要诱因。

(4)性生活不和谐。夫妻间感情的维系,固然不完全靠性的结合,但是,如果一方或双方在长期的性生活中从来没有得到过满足,无论如何是要影响夫妻感情的。

(5)家庭经济收入处理不当。家庭经济收入问题常常影响夫妻之间的感情,成为各种冲突的导火索。家庭经济状况要做到量入为出,合理使用。实际上,这并非是一个钱多钱少的问题,主要在于对钱的态度以及如何安排的问题上,双方态度不一致,一方大手大脚,另一方小里小气;一方勤俭节约,另一方却追求高消费。这就必然影响夫妻感情。

(6)亲戚问题。丈夫的亲戚应该就是妻子的亲戚,妻子的亲戚也就是丈夫的亲戚,在夫妻眼中婆家和娘家应该都是一家人,这就可以大大减少夫妻间因为赡养、接待等而产生的矛盾。有的夫妻就因为这个问题处理不当,厚此薄彼,不但影响与家人的感情,同时还影响了夫妻之间的感情。亲戚问题处理不当,往往首先会伤了一方的自尊心,而这又往往会导致双方感情的破裂。

4. 善用讽刺和幽默

夫妻间的讽刺与幽默不当也会影响彼此的关系。即使讽刺的一方往往用“开玩笑”之类的话来为自己辩解,也容易伤害对方的自尊心。

(1)善用讽刺。在实际生活中,有人因对配偶的某些言行不满,采用讽刺挖苦来折磨惩罚对方,这种讽刺是恶意的,会给夫妻的关系带来很大的破坏性。当然,夫妻之间平时开开玩笑是正常的,是一种善意的讽刺,自然不会引起对方的不快。但分辨讽刺究竟是恶意的还是善意的，只能根据被讽刺者的反应而定。有些人被讽刺，不会有什么不好的反应；但有些人会感到被伤害，而对讽刺深恶痛绝。夫妻之间谁经得起多大玩笑，彼此应该一清二楚。

无论你对讽刺多么敏感，对讽刺方的反应也必须是站在帮助的、宽恕的立场上，而不是挑剔和动怒甚至采取其他破坏性的方式。否则会把问题闹大，影响夫妻关系。

(2)善用幽默。夫妻一方富于幽默感，说明他是快乐而且有安全感的，他的幽默也能给另一方带来快乐。在日常生活中，夫妻之间能彼此笑谈对方的缺点或短处而不挖苦、不愠怒则是亲密互爱关系的体现。幽默能帮助另一方摆脱不顺心的困境。当你的配偶因工作中遇到困难而情绪低落的时候，如果你体谅对方，想使他减少烦恼，那么你最好的办法是表现你的幽默，因为幽默能使你的家庭气氛由压抑变为轻快，从而解除对方郁积的紧张和压力，最重要的是它能使对方的生活得到鼓舞和愉悦。那么，在表现幽默的时候应该注意什么呢？委婉、及时、敏锐的感受力是幽默得当的先决条件。时间的选择也非常重要，适时来一句幽默的话，说不定能令对方烦恼尽去，由绝望而变得充满自信。

相反，如果对方想同你商量严肃的事情，你却玩笑话不断，那么就可能使对方感到恼火和不快。幽默要适宜，除了以自己的良好修养与成熟人格作为基础外，还要出于对配偶的热诚关怀。不合时宜的幽默或者将幽默作为攻击对方的武器，对夫妻关系具有很大的破坏性。

5. 家庭相容与夫妻相容

家庭相容性的主要标志是夫妻双方在主观上最大限度地互相满足。夫妻双方在性格、气质、需求、兴趣和价值观念的最佳适应只是相容的条件之一。另外一个重要的条件是夫妻在行动上和感情上的经常配合以及力求达到相互理解，这样才会产生家庭的相容性。利用家庭相容性的特征可以改进家庭中的夫妻关系。首先就是家庭的稳定性,也就是能够经受时间的考验以及种种不利条件的破坏性影响;其次是家庭中的合作关系,这是自愿、互利的合作,绝不是一方统治另一方或一方从属于另一方,自然也不是相互竞争。总之,有家庭的相容才有家庭的美满幸福,才能使家庭成功地完成其主要的社会职能。

夫妻的心理相容性主要是夫妻性格、气质、感情和意志方面的相容。如在夫妻生活中,一方生性快乐达观,很容易受别人性情的感染,为人随和,易于交往,而另一方则情绪急躁,对任何事都斤斤计较;一方爱吵闹,但也容易很快忘掉,随时可以言归于好,而另一方可为任何一件小事而长久耿耿于怀、郁积在心。具有这样完全不同性格的夫妻,如果不进行自我调整和相互适应,就很难保证婚姻的幸福。

气质不同的夫妻相互得不到弥补,也容易失去夫妻的心理相容性,导致婚姻关系破裂。从气质上说,人可分成四种类型:

——暴躁型。这种人倔强、不沉着、容易兴奋急躁,在生理上属胆汁质。

——活泼型。这样的人热情好动,属多血质。

——恬静型。其性格坚强、沉着但有惰性,属黏液质。

——软弱型。其中有好动的,也有懒惰和不沉着的,属于阴郁型气质。在现实生活中,也有介乎其间的混合型、过渡型气质。

当然,并非任何一对夫妻在气质上的不同其婚姻必然都是失败的。不同气质的夫妻是可以在婚后的生活中相互协调,做到心理上相容的。日常生活中也可以发现,有不少夫妻气质上大相径庭,婚姻却很美满,这就是协调和相互适应的结果。

○以情打动对方的心

真情是最有摧毁力的东西,它降伏了最高贵的头颅。

在恋爱关系中,“情”是贯穿恋爱全过程的主题。没有“情”的基础,就没有爱的开始,也没有恋爱关系的建立。在一个家庭中,“情”不仅仅是主题,还是处理家庭中事务、联络家庭成员之间感情的原则。那么作为家庭中的重要一员甚至是支柱,该怎么做到以情动人呢?

每一个家庭成员都需要听“我爱你”之类的话,当然行动更重要。当表达爱的话语由家庭成员自愿地付诸行动时,才能相信所表白的爱是真的。爱的交换可以在一个家庭里已经存在的几种关系之间发生:

夫妻之间双方都在家里;

父母或一个家长与所有孩子之间;

家长与每个孩子之间,一对一;

兄弟姐妹之间,一对一;

其他亲戚如(外)祖父(母)住在同一家庭里,他们与核心家庭之间,与核心家庭的每个成员之间。

在一个团结、和谐的家庭里,每个家庭成员都可以为他人做许许多多的事情,使爱成为活生生的事实。

1. 认可、赞美和甜蜜的话语

即使是成年人,内心深处也一直寻求认可和赞许,这种需要没有年龄因素的影响,因为它是出于想要取悦他人、想要感觉到被爱、想要超越他人的愿望的。

没有人喜欢被证明是错误的、无能的或愚蠢的。对丈夫的过错采取语言羞辱必定会引起他的不满,这样下去夫妻间的关系就遭殃了。在与人相处时应试图避免夸大的说法，如果必须发表自己的意见，应尽可能地温和、充满仁爱之心。不要让人觉得泄气，觉得比他们所做的更糟。

不管人们的外表表现得如何地自信，他们的内心深处经常不知道自己的力量有多大。他们依靠的是反馈以及他人的认可，尤其是他们所爱的、所珍惜的人的认可。

如果我们所爱的某个人赞赏我们的行为，我们就会感到很自信，因为行为代表人本身。

譬如，一个小孩急于想得到父母对他的赞赏，他在尽力做好，但是他不能肯定他的所做所为是否足够好、好到能让父母高兴。父母把自己的想法告诉他是很重要的，因为只有他的父母才能去除他那特别的焦虑。同样，处于有利地位、受崇拜的大哥哥大姐姐，认可和赞美小弟弟小妹妹可消除他们的不安心理。

家庭成员生活在一起处于非常亲近的状态，一直暴露在彼此的细致观察之下。在亲密的家庭环境里没有办法摆脱他人的密切注意。家庭任何一对成员，两个兄弟姐妹、夫妻、一个家长与一个孩子之间都能用两种方式加强彼此的亲密关系。

第一种是建立屏障以保护心里的一块自留地，为的是给彼此留一段情感上的距离。如果不期待爱和赞许，人就会少一点失望，少一点伤害。俗话说希望越大，失望越大。但是造起一堵墙是不明智的做法，因为那样的话两个人的接触会发展成消耗战，每一方都想占上风，折磨另一个人直至那人屈服为止，为的是要赢得哪怕只是一点点的尊严。几乎在所有的人类接触中，永远都存在着对比和评估，而这些行为又是出自争强好胜的欲望。这种强有力的欲望常包含一种险恶用心，即做些什么事让另一个人难堪。这种“通过压迫升级”的做法是出于这么一种思想：如果不想被人统治，自己就必须通过语言或行为统治别人。“胜人一筹”的心态趋向形成习惯，以致于自己不知不觉地产生这种行为。压迫、鄙视、讽刺、伤人的话都能使原本和睦的关系退化为粗鲁和陌生。许多夫妻在疏远感情和统治对方的企图中浪费了多年的婚姻生活。最初的爱情关系可能通过长期的批判和自我核心主义转化成为拉锯战。这种完全不是出于爱的交流方式能产生悲剧性的影响,他们的孩子会从父母那儿学会谩骂甚至殴打。

第二种关于家庭两个成员之间的接触方式更加积极。当他们俩都给予对方真诚的认可和赞许时,他们之间就会有平等和互惠的关系而不是争夺统治权的战斗。在这种策略下,夫妻、兄弟姐妹都意识到他们不应该彼此竞争,而是站在人生之旅的同一侧。这种态度使温暖和煦随着彼此交流的增多而呈现螺旋形上升。家庭中,不应该羞于表达自己的赞许和爱。自己对配偶、兄弟姐妹或孩子说些好话并不会降低自己的身份,相反,它会推动彼此的互惠关系。家庭成员间彼此给予真心的赞美、甜蜜的语言,通过向对方表示接受、认可和爱把双方紧紧地拉到一起。它作为一种积极的推动工具,把优良品质带到家庭生活中。

生活中,在发展、加强自身的优良品质时,最需要的是来自于他人的帮助。充满爱的家庭的积极作用与外部世界形成鲜明的对比。在外边如果做错了一件事,别人就会立即做出反应。在学校里,校长或学监不会因为学生行为良好而“召见”他们,因为良好的行为是应该的。被“召见”通常是受责备。这就使家里互相认可和赞美彼此的优良品质和行为显得更为重要。

夫妻间不要让早期的追求火焰变成一堆冰冷的灰烬,也不要只将婚姻纪念日作为交换情话的惟一时节。甜言蜜语应该天天都有。态度要亲切,要为对方的具体行为说赞美的话,还应该常说“我爱你”和“我想你太伟大了”之类的话。

当爱得到了友好的语言和行为补充时,它就像充满氧气的空气一样,更有生气。爱的力量起源于父母并延伸到孩子身上,如果家里的父母之间充满着欣赏、赞许、爱和支持,他们的态度和行为就能影响孩子们，使孩子们之间也充满支持和鼓励。这样的家庭会兴旺、发达，在彼此给予自己和情感安全的过程中不断走向成功。

2. 爱与身体接触

要创造幸福需要很多因素。爱，也需要身体的接触来证明。当孩子们到来的时候应该有足够的身体接触，如抱婴儿和小孩、手拉手地走在街上、把一只胳膊搭在大孩子的肩上、经常与孩子们闹成一团、给小孩子挠背等。见面和分别时的拥抱亲吻是受许多家庭欢迎的习惯性动作。

在某些国家，家庭内部是不鼓励亲密的身体接触的。而在另外一些国家，这种情感关系很普遍。如果父母有一方或两方都来自对亲密动作感觉尴尬的家庭，就得做些特别的努力来克服这种不习惯。不管文化准则和习俗如何，每个人都需要大量的这种亲密行为，从出生开始，贯穿一生。

儿童心理学家研究发现，身体接触对于健康的体质和情感的发展都是必要的。没有了它，婴儿甚至可能无法正常成长。养猪、猫等宠物的一个原因与满足这种触摸的情感需要有关。人们能亲切地与他们的宠物交谈，能亲抚它们，拥抱它们，用爱的方式与它们接触。这些动物是活生生的、温暖的、乐意得到安慰的，但是它们不能替代人类，永远不能。

表达爱的身体接触对于各个年龄段的家庭成员的心理健康都很重要，从抱着新生儿在臂弯里摇晃到轻轻地抚拍老年亲人的手。这种非语言的爱的表达方式使我们确信自己在家中的价值所在，减少了日常紧张的积累。如果孩子在家中得到了足够的爱，他们就不会到其他地方寻找不成熟的或者不适当的爱。

3. 体贴与关怀

丈夫和妻子应该积极地寻找为对方做事的机会。虽然每一个婚姻都有自身的特殊情况，但是最大的关怀莫过于发现对方喜欢的那些东西。每个人都应该问自己:“我应如何最好地关怀我那位,做他(她)喜欢的那些事情呢?”

妻子会问自己:“什么会使他高兴?也许这个周末我可以花点时间为他做那个他特别喜欢的家常菜。”丈夫会想:“她工作劳累了一天,也许今晚我可以把孩子带出去让她有机会一个人呆上几个小时。”这些看起来似乎是小事,但如果经常做,会增进夫妻感情。在夫妻日常生活中为对方做“大事”的机会不多,但是有很多机会可以做小事,就像泉水源源不断地流出,源源不断地补给。这种爱的行动可加固夫妻关系,使其免受突发事件的伤害。

在成功的家庭里,每个人都关心彼此的幸福,但是不要把它变成累人的琐事。只需要一种感觉、一种肯定:你、我、他,被爱被关怀。

4. 一首增进夫妻感情的字母诗

A——accept(接受)。世上没有十全十美的人。记着,你爱他,就必须接受他的一切,甚至缺点。

B——belief(信任)。不信任对方,经常以怀疑的口吻盘问对方,这种互相猜度的爱情就只有分手的下场。

C——care(关心)。关心的程度正好表现你对对方的重视程度,间或打个电话给对方关心地问候一句:工作辛苦吗?又或者发个短信给他:天气凉了请加衣。这些关心未必有实际用途,但起码能令对方暖在心里。

D——digest(理解)。我们不是圣人,总有情绪起伏的时候,若对方是“凸”的时候,你何不做“凹”去忍耐一下他,安慰一下他呢?

E——enjoy(欣赏)。你应该欣赏对方的一切,欣赏这段爱情带给你的开心、幸福。这样,你便会爱得更愉快,不要只懂埋怨,在鸡蛋里挑骨头。

F——freedom(自由)。纵然已婚,也应给予对方应有自由及保持秘密的权利。你的另一半不是你的终生奴隶,不要让他认为跟你结婚就等于被困笼中。

G——give(付出)。爱情这样东西不一定是你付出“一”,便会收回“一”。但不付出,便一定没有收获。对你的爱人,应有如对自己一样,毫无保留地付出,这才算得上真爱。

H——heart(心)。爱情最重要的道具是心,你必须真心对待,用心去爱。没有心,又怎称得上真心相爱?

I——independence(独立)。甜言蜜语的人会说:“我是为了你而生。”其实,每个人都有自己的生存意义,不应过分依赖对方,成为对方的负担,甚至累赘。

J——jealousy(妒忌)。适当的妒忌、“吃醋”能表示你对对方的重视,但切记是合情合理的“吃醋”;反之,毫不讲理、大发雷霆地“吃醋”,必惹人反感。

K——kiss(吻)。一吻胜过千言万语,轻轻的一吻已能代表你的爱,所以请不要吝惜你的红唇。

L——love(爱)。爱跟喜欢不同,爱一个人,你必须愿意为他做任何事,这是最高的境界。闲时不妨跟对方说句“I LOVE YOU”,担保比任何礼物来得甜蜜开心。

M——mature(成熟)。为什么一般人的初恋总会无声无息地惨败,因为年轻人都恋爱得较幼稚。况且,没有一个人会喜欢对方长年没头没脑地蹦蹦跳跳。人成熟一点,你的爱情亦会早熟一点,直至开花结果。

N——natural(自然)。很多人最初拍拖时都会把一切缺点隐藏起来,变成另一个人。日子久了,缺点才一箩箩地出现,令对方吃不消。其实,不做作,流于自然的爱情才是细水长流的。

O——observe(观察)。经常细心观察爱侣的喜好,不但能更了解对方,更能给他惊喜。那份心意必定比礼物来得珍贵。

P——protect(保护)。男朋友要保护女朋友,但女朋友亦要保护对方的尊严,不应容许别人中伤、侮辱你的另一半。

Q——quarter(宽大)。宽大是基本的要诀,对爱侣的错误,你应以宽大的态度原谅他,因为你是最爱他的人。

R——receive(接收)。对于爱侣为你所做的,请不要表现得无动于衷,令他气馁。他付出,你便应以欣赏的态度去接受,这才能令感情更进一步。

S——share(分享)。若你爱他,就必能与他分享他的喜与哀,这是作为一个伴侣最简单的责任。

T——tender(温柔)。歌都有得唱《恰似你的温柔》,爱人当然要温柔地爱,因为男人女人缺乏温柔都不可爱。

U——understand(明白)。不明白对方的想法,对方跟你说话,你永远只独自发呆,那就是一段缺乏沟通的爱情。多站在对方立场,将心比心地想,必定能更了解你的另一半。

V——veracity(诚实)。对爱情,必须一百倍的诚实,时常互相欺骗的感情又怎能天长地久呢?

W——wait(等待)。B 哥也说结婚多年用了三分之一的时间去等 B 嫂,可见"等"是维系一段感情的基本元素。最重要的是你要与他同步成长,同步走完这段人生路,千万不可一个先走,遗下另一半在后。

X——"X"(乘法符号)。把你对他的爱每天以倍数地乘上去,爱情自然变成无限大,爱情走也走不掉。

Y——yearn(想念)。工作或不在一起时,不妨多想念对方,间或致电或"短"他说句:我很挂念你。必能令对方甜在心头,更起劲地工作。

Z——zest(热情)。做爱侣的,适当的热情能加添不少乐趣,但切忌过分热情。

3

感情良性发展在于经营

夫妻感情需要经营，只要双方全身心地投入，谁收获了多少并不重要。

——题记

○浪漫需要的是一种感觉

浪漫并非指玫瑰花、糖果和可爱的小礼品。浪漫是爱的表达，没有了浪漫，爱情只是一个空泛的语辞，“我爱你”变成一种无意义的名词。浪漫是与爱情相关的，不是你成熟后就不会去做的事情。一个人愈成熟，他的爱就愈深刻，而表达方式也就愈能撼动人心。

1.“约会夫妻”——对浪漫的误解

约会，本是未婚男女在恋爱阶段经常采用的一种交往方式，并且这种交往的一个重要目的取向和最理想的结果，恰恰正是为了不用再这样约会和不用再“约”也能时时相“会”。每当男女达到这种“不约而会”的地步，实际上也就宣告了彼此联姻的大功告成。而一旦一对男女开始了婚姻生活，也便很少再有“约会”的行为，更少有以“约会”的方式作为婚姻生活的主要方式和主要内容。

“约会夫妻”已经成为现代婚姻关系中一股不可忽视的潮流，兴于双方均事业有成、经济基础良好的白领中。他们追求婚姻的质量与内涵，不愿在思想上依附对方；有各自的事业，可以做到独立生活；有各自广泛的社交圈和朋友，不会因婚姻而放弃。为了达到真正意义上的平等，注重生活质量、适当地保持距离正被他们引入婚姻的相处艺术，就在聚散之间理解了家庭生活的意义，摸索着婚姻相处的技巧，获得与他人不同的体验。

他们之所以如此，一方面是因为他们一般都有较强的独立性和喜好自由的个性，对婚姻较少的责任心和依赖感，因而不愿让婚姻成为自己的一种束缚；另一方面更是因为在他们看来，现有婚姻生活模式所能够给人们带来的一切好处与便利(如经济上的互助、生活上的照顾、性生活上的满足和便利、社会交往上的好处与便利等等)，他们都完全可以在婚前甚至在婚外得到，根本用不着等到结婚和在婚姻生活中去谋取。而他们需要的一些东西(如像没结婚一样的自由和为所欲为、永远有一种恋爱的感觉、永远有一种新鲜和刺激等等)，婚姻又往往不能给予他们，于是他们就干脆只做“恋人”式的夫妻和只像“恋人”那样“约会”式地生活。

据一项调查显示，人们这种新婚姻方式的接受度正在逐渐提高。认为偶可一试、非常有趣的占32%；认为益处良多、很好的占24%；认为弊多利少的占44%。这表明人们正在重新审视传统婚姻关系，想为自己的爱情找一个理想的空间。夫妻约会有不同形式的表现：

(1)一位新婚妻子的美好感觉：“对娶了我的那个男人，兴之由之地喊他同志、李干事、兵哥们，就是不喊他老公、丈夫。因为可以逃避为人妻的责任，可以不顾收支平衡地泡吧、喝茶、逛街、买花，更重要的一点是可以正大光明地跟他过分居生活。

有句话说：距离产生美。还有首歌唱道‘相爱总是简单，相处太难’。这说的都是距离与爱的关系，我是个聪明人，又有那么点任性，起初跟中尉同志搞分居是我的一次心血来潮，就是觉得好玩，想享受一下每人一间大屋、各自为政的感觉。刚有这种想法时，为防中尉同志抗议，我总是时不时地报以‘小恩小惠’的腐蚀。

在他生日的时候送一个‘飞利浦’的剃须刀，在周末的时候请他去吃‘麦当劳’，哪一天心情很好或是写了篇好稿，去买两件同一个牌子同一个颜色的衣服，穿起来像一对可爱的双胞胎，就是长得太不像。中尉同志感动之余给了我一次大大的‘爱心行动’奖，就是煽动我跟他‘分居’。其实我所有的‘贿赂’行为都是在等待那一刻，岂容错过，简单地收拾了一下自己的东西就独自去了书房。哪知，分居一周，这距离就适时地产生美了，那个周末，中尉同志从‘军事馆’里走出来，我从‘文学坊’里走出来，我们按约定的规则，齐齐地坐在客厅里欢度两个人的周末。结果，我还没言语呢，中尉同志思念的话语已堆了一箩筐,哎,真不知到底是谁欠了谁的。

我们之间有个暗语,来自'步步高'电话的广告。广告里的男人因出门拿邮件被关在门外,用无绳电话联络家人开门。我们家的电话恰好是'步步高'。我一个人在书房里独处时不准他进来,我们就像演广告似的在家里呼来唤去,规定必须接电话回答,他就借机搞恶作剧,用子机说一句'老婆,我被关在门外边了',说完就挂掉。我乐他的孩子气,不予理睬。不过,有一回他算是自作自受了。他去阳台浇花,不知怎么搞的把通往阳台带暗锁的门给锁住了,他用子机一遍一遍地喊,'老婆,我被关在阳台外面了',我只当他在故技重演,理都不理他。等我发现他是真的给困在阳台上时,中尉同志已把我那盆宝贝茉莉快浇死了。所以他的回报是还我一盆茉莉,外带一束红玫瑰,还发誓下不为例。我乐不可支,只觉身在现实又似幻境,像过家家一样好玩。

再看一室的温暖,再听王菲的《只爱陌生人》,再站在窗前看雨,再跟老公分居式地生活着,我知道生命里一些无关风月的事,都是最自然不过的一点点温情罢了,你需要,他也需要,我们大家都需要。"

(2)一对中年夫妇的体会。丈夫在一家报社做编辑,妻子在一家文化单位工作。他们结婚10年但却仍是两口之家,夫妻间的生活也"恰如一盆清水,10年来没有丝毫波澜"。有一次,做丈夫的出了一个较长时间的公差,做妻子的感到十分寂寞,竟浮想联翩,写了一系列"未曾寄出的信"。丈夫归来后,看罢妻子的"心声",想到分离使妻子如此动情,以后便有意为之。每当出差归来,远远地在车站出口处或单位门口望见妻子的身影,总不由得顿生爱怜。再以后,他就有意减少两人见面的次数,自己平常就在报社集体宿舍搭铺。若两人有事相商,也常选在公共场所见面,咖啡、冷饮,细啜慢饮,颇见情趣。当有的同事调侃他是"放着老婆作和尚,自找苦吃"时,他的自我感觉却是:我们的心灵因此而年轻了。一个是找到了初恋的感觉,一个是感觉到心灵因此而年轻了,都可谓获得了“有心栽花花不开,无心插柳柳成荫”的效果。

(3)一位丈夫的感受。“自古以来,文人墨客吟咏的离别诗多是伤感多愁的,因此,‘伤离别’常常是离情别绪的主题。然而夫妻之间却有‘小别胜新婚’之说。感情这个东西,也是‘距离产生美’的。记得婚后很长一段时间,我和爱人长期厮守在一起,常年不出差。渐渐地,两人间的激情开始消失,话也越来越少,生活感到有些淡而乏味了。此时,恰好单位有一件急事要派我去外地出差,回家后我心绪不宁,担心我出差期间爱人适应不了一个人的生活;爱人也担心我一人出门在外,生病咋办、出了意外咋办。俩人相拥一夜无眠。第二天出发,妻非要一路把我送到机场,‘依依离别情’,让我好一阵伤感。出差期间,我们相互惦念,肚里攒了许许多多的话,因为是公出,不能用公费打电话,只好忍着。出差结束回到家,真有一股子重温新婚的感觉,仿佛又有了一种新鲜感和亲密感。

又过了一段时间,激情渐退,生活日复一日,仿佛又开始趋于平淡了。这时,我又想到了出差。这回,在我的主动要求下,单位将我派到一个边远的穷困山区去出差,而且时间较长。这一次,离情悠悠,最后竟让我俩有望穿秋水、归心似箭的感觉。同样,这一回离别,感情好像又升了一次温。”

(4)试出来的新感觉。一位女士说:“我和丈夫是去年结的婚,由于婚后无房,又因经济方面的原因,便在北京的郊区购置了一套房子。起初,我觉得既然结了婚,就应该朝夕相处,在家中谈谈工作,谈谈一天中发生的事情。于是,我们约定每天无论工作到多晚,下班后都要回到家中小聚。可是由于工作单位在城东,而我家在城北,每天往返于这两点之间要跨四个城区坐两个小时的公交车。久而久之,日积月累的疲乏与劳顿使我们渐渐没有了婚姻初期的激情,每日三餐成了再现实不过的问题,吃过晚饭,月亮便已当空高挂了,为了第二天一早同样的奔波,我们一般都早早睡下,不要说看电视，有时连聊天的气力也丧失殆尽了。

丈夫的一次出差，使我有如释重负之感，再也不用为回趟家长途跋涉近半个北京城了，那些日子对我来说简直就是‘阳光灿烂的日子’。丈夫回来后，我立即提议尝试一下‘候鸟式’的家庭生活。起初，他坚决反对，口口声声说那跟‘露水夫妻’有何不同，却也勉强依了我，但一再强调只试一个月。

这一试，倒试出了我们生活方式改变的转折点。我们好像重新拾起了恋爱时的新鲜浪漫的感觉。不是有句话说‘小别胜新婚’吗。的确，一个星期的小别像是给我们的爱情生活注入了一支保鲜剂。每逢周五，我们便相约在车站‘双双把家还’。一路上，彼此谈论着一周以来的奇闻轶事，两人仿佛有说不完的悄悄话，回家的路途也在谈笑间仿佛缩短了不少。每个周末，改变了以往睡觉、吃饭等单调乏味的生活，代之以郊游、运动、休闲等更有乐趣的方式来度过。两天的二人世界生活结束后，我们便又奔赴到各自的工作中去了，再憧憬着下一次的周末相聚。”

2.“约会夫妻”产生的原因

从上例可见，夫妻之所以都在偶然的机会里因接触了“约会”方式而体验到了“初恋的感觉”，正是由于他们在此之前都有过“婚姻越过越乏味、越过越平淡”和“让人提不起精神”的感觉。而这种“平淡乏味”、“提不起精神”感觉的产生，不仅不是因为婚姻出现了不可调和的矛盾和失去了爱的基础，而且正好相反，是因为婚姻达到了一定的高度。这一“高度”的具体表现是，夫妻经过多年的共同生活和共同努力，不仅在生理上、心理上和精神上都获得了一种阶段性的满足，趋于一种相对平衡状态，而且在婚姻家庭的物质现代化上，也实现了阶段性的目标，处于一种相对富裕、清闲自在的水平。一方面他们都不再感到有经济上的压力、生存和生活上的压力，自然也无需再为此继续奔波操劳、尽心尽力、尽职尽责了。另一方面通过夫妻十年如一日的朝夕相处、耳鬓厮磨，彼此在心理上、生理上、精神上的相互需求也似乎达到了一种饱和状态。

这两个方面加在一起，便构成了一种寻求新的爱情刺激、寻求新的爱情体验、寻求新的爱情感觉、寻求新的更有生气与活力的婚姻生活方式的强烈渴望。若想使其真正成为现实，便不可避免地既参照已有的先例，同时又否定原有的先例，沿着否定之否定的规律螺旋式递进。“约会夫妻”及其得到的“初恋感觉”，正是一种由恋爱到婚姻、由婚姻到恋爱的否定之否定的过程。上述夫妻有的是因婚后的生活重负使其渴望找到“恋爱的感觉”，从而才由偶然“约会”到自觉“约会”。还有一些夫妻则压根儿就没有进入到婚姻角色中去，而是一直保持着“恋人”的特征，因而其“夫妻约会”行为也就不是什么“找回恋爱感觉”，而是要“永远保持恋爱的感觉”。

今天的一些已婚男女们却清清楚楚、明明白白地把“约会”当成了自己婚姻生活的主要方式。其中有的是从结婚之日起就开始了这样的生活，有的则是在婚后按照传统方式共同生活了一两年甚至多年的时间又重新选择了这种“新潮”方式。在“约会夫妻”中，也有一部分夫妇的目的是解决婚姻中出现的矛盾乃至问题，因为他们已经失去了在传统婚姻生活方式范围内解决问题的能力，也失去了相应的社会环境与文化环境。

为何会出现这种情况呢？我们以为，问题就出在当今婚姻中的夫妇们好像都难以把握自己准确的定位。因为找不到自己的准确位置，也就难以确定自己究竟该做些什么，什么是该要也能要的，什么又是不该要而想要也要不到的。结果就成了如下的样子：谁都害怕自己失去的太多。因此也就谁都更强调自己的所作所为，所有所得的合理性、不可改变性，谁都咽不下哪怕是一点点委屈和吃不了一点点小亏，如此等等。说到底，这是一种明显的对自己、对对方、对婚姻缺乏信心，特别是对自己缺乏信心。而这种缺乏信心又何尝不是过分强调自我呢？

更为糟糕的是，一些人在过分强调婚姻中的自我感受、自我独立性、自我习惯的合理性的同时,几乎是在不知不觉中丧失了使婚姻生活中夫妻关系和谐化和婚姻承受的能力,尤其是相关的心理承受能力。所以,一但婚姻出现了一些令人不快的矛盾(不论大小,也不论是本质的还是非本质的),便显得束手无策和难以忍受。与此同时还产生了一种拒绝社会和他人帮助的抗体。既如此,也就只能回避矛盾和问题,过一种聚少离多的“约会”式婚姻生活了。此外,在“约会夫妻”的个案中,还有那么一部分夫妇是因为彼此之间只剩下在某一约定时间相聚的兴致或缘分。

现代社会中,一个人是首先取得公民资格或首先具有独立的人格,然后才有资格去结婚的。这种先于婚姻取得的独立人格并不因婚姻的组成而消失和变得不重要,相反,它始终都应是婚姻存在的依据、基础和必要条件。作为夫妻,无论是不尊重对方的人格还是将自己的人格完全依附于对方身上,都是对婚姻的一种伤害和不利。基于此,也要求夫妇双方都能够相应地给予对方一定程度的(也就是说不能超过婚姻所许可的范围)个性自由和社交的自由。不然的话,即使出于爱的动机,也往往会适得其反,走到爱的反面。“夫妻约会”所带来的“初恋感觉”(或爱的感觉)的真正谜底不在于夫妻间“保持一定距离”,而在于夫妻间的这种尊重、信任和适度自由。

现代夫妻,应学会宽容、豁达以及和谐相处的艺术。因为现代社会中,不仅夫妻婚前的生活背景会有很大的不同,就是婚后的生活,也可能存在着许多的不同(不同的工作环境和工作内容、不同的社会接触面等等),且婚前婚后都要求每个人还得能够独挡一面,因此也就必然会形成不同的性格特点、行为习惯,乃至不同的思维习惯和心理体验的习惯等。如果不学会宽容和豁达,那么就很可能因一些自己不习惯的细节问题导致自我方面的心理障碍和夫妻之间的情感交流障碍。

如今的夫妻大都比较注重自我的感受和自我需求的合理性。

如果不懂得换位思考，自然也就很容易相互指责对方的自私和不关心自己，而其实也许双方的需求并没有什么本质上的差别。设身处地地给予对方、满足对方，也许不仅没有失去自我，反而使自己获得了更多的爱、更多的体贴、关怀和充实。“约会夫妻”给双方带来的心满意足，更多的不是来自于主动的索取，而是心有灵犀地给予。现代婚姻中，需要夫妻强化对婚姻的耐心。“约会夫妻”的现象提醒我们，即使那些看上去已没有生机、甚至陷入危机或崩溃边缘的婚姻，也还有继续为夫妇创造出幸福、美满与甜蜜的潜力。不要一碰到困难和问题就想到要去离婚。本来现代婚姻中就存在着夫妇冲突的可能与机会增多、与之相应的承受冲突的耐力却减少和减小的矛盾，如果夫妇双方再不通过主观的努力，强化对婚姻的信心和耐力，很自然地会陷入离婚——结婚——离婚的恶性循环中去。与此同时，还会因婚姻的不成功而形成一种心理疾患：对爱的缺乏信心、对他人的冷漠和不信任等等。那样的话，不仅伤害自身，也将伤害他人和社会，还会遗害后来人和后来的时代。

3.“约会夫妻”的局限

“约会夫妻”给人们提供了许多对改善婚姻生活极其有价值的信息，但这些并不能证明“约会夫妻”式的婚姻生活方式具有普遍有效性和合理性。因为在它那里，有许多非婚姻化、非完全的婚姻化、甚至反婚姻的东西。换一句话说，“约会夫妻”并不能作为一种独立的“婚姻生活方式”而存在，从婚姻的角度看，它本身是自相矛盾的——“约会”的方式虽然给婚姻中的某些夫妇带来了一些新鲜、美妙的感觉，但这种感觉却不是来源于婚姻的牢固与和谐。

专家指出，“约会夫妻”还不具有普遍性，他们也只处在尝试阶段。分开的日子里，可能会让双方更充分地体现自我，也可能会给予婚外恋更多的机会。两个人的相互信任和心灵沟通在任何时候都非常重要。不管是以什么方式生活，适合你的才是最好的。

“我们要天天相恋，但不要天天相见，要有共同的生活经验，但不要共同的房间……”这首老歌所描述的幸福理想你是不是也曾憧憬过呢？若果真如此，对于那些长期分居两地的夫妇来说，又该怎样取得心理上的平衡呢？由于职业、工作的需要，致使一些夫妻分居两地，过着牛郎织女式的生活，诸如卫国戍边的军人、在异地作业的工人、到国外深造的学子……他们成家后夫妻天各一方，几个月、一年或数载才能见上一面，短暂的相聚之后，可能又是漫长的别离……

夫妻之间长期分离，不但彼此在生理、心理以及感情生活需求上得不到满足，难享天伦之乐，而且在日常生活中还会遇到很多具体困难，出现一些在团聚情况下不可能出现的问题。有的夫妻因久别而感情疏远、不和，导致离异；有的则不甘寂寞，结交不三不四的异性朋友，出现问题；也有的被第三者乘机插足，给家庭造成无法弥合的裂隙……

我们所直接看到或间接了解到的“约会夫妻”，不管是出于哪种原因和属于哪种类型，均有一个共性，那就是对当下的婚姻生活和夫妻关系（准确点说是对夫妇厮守在一块的婚姻生活和夫妻关系）感到不满。由于“夫妻约会”的这样一种基础、起点和前提，也就注定了在约会中相聚的夫妇们有意无意地去寻找、制造出一种婚姻没有的感觉或在婚姻中无法体验的感觉，并且尽可能地使这种感觉完美无缺。然而也正是与此同时，对“约会”的感觉越美好、越完满，相应地对于婚姻的感觉也就越乏味、越残缺不全，由此使得夫妇更不情愿回到婚姻中去。这样一来，约会也就自始至终都没能够与婚姻走到一起来。约会感觉良好时是这样的结果，而感觉不好或失败时就更是这样的结果——只是表现得更彻底一点（即离婚）而已。

夫妻在“约会”式的婚姻生活方式中体会到的种种好处，在一定程度上讲，是对婚姻的一种竭泽而渔。在众多介绍“夫妻周末约会”的文章中，均罗列了这一生活方式的优越之处：如使夫妻重新找回了初恋的感觉；使夫妻的心理又年轻和具有活力了；甚至濒临破裂的婚姻又重新出现了生机等等。又如，说它可以使双方永远保持一个完美的形象在对方心中，使彼此永远看到的都是一个赏心悦目、没有缺陷的对象；能最大限度地保留自己的个性自由、社交自由和享受自由，同时又将彼此之间的摩擦、冲突、琐碎等等减少到最低限度，如此等等。但透过这些优越之外，我们便可以清楚地看到，它不过是把婚姻中那些能够给人以美好感受和诸多优越之处的东西拿到了婚姻之外去享受。但这些东西毕竟不是取之不竭的。

总有一天(相信这样的一天也不会太遥远)婚姻将不堪承受这样的只被索取不被供给的状况，从而停止付出，甚至进行“报复”。想必人们已经明白了向自然资源无限索取终将遭到自然界的“报复”的道理。那么，作为一种人文和文化资源的婚姻，也有着一种类似于自然资源的性质，不负责任地对待它、无止境地向它索取，也将遭到它的“报复”。

有人却认为：夫妻约会对婚姻有着类似于毒品的破坏性和比毒品影响更加深远的危害性。夫妇由约会生活方式中得到的美妙感觉，不仅是逃避婚姻责任的结果，也是回避婚姻矛盾和问题的结果，还是对婚姻没有信心、也不愿再确立信心的结果，更是缺乏婚姻能力或解决婚姻矛盾与问题的能力的结果，因而可以说是一种没有根据的、虚幻的感觉。正如吸毒者满足毒瘾后产生的那种感觉。毒品对一个人的伤害已经尽人皆知。但在某种意义上讲，毒品伤害的还仅仅是吸毒者本人，即吸毒者的自我消亡。而夫妻约会对婚姻的危害却并不只限于采用这一生活方式的夫妇本人，也不因他们的消失或其婚姻的解体而告结束。它还直接伤害到婚姻双方的子女，并通过子女给未来的婚姻种下不和谐、不美满、不幸福的种子。

还没有资料能够证明，一个孩子可以不需要完整的父母之爱，以及没有完整的父母之爱也能够得到身心健康的发展；也没有资料能够说明，一个没有健全心理结构和健康心理的人能够使其婚姻和谐、美满。而夫妻约会的生活方式又恰恰在这方面或者无能为力，或者本来就有逃避这方面责任的意图。所以，从人类自身整体发展的角度而言，“约会”式婚姻生活方式是不可取的。“夫妻约会”的生活方式与婚姻生活方式在本质上是不能够相互交叉的。

婚姻生活的本质在于，使男女双方相互走近(进)，走近(进)，再走近(进)，从而获得 1+1>2 的个人收益与社会收益；使男女之间的感情更专一、更恒久。因为只有这样，才能体验到人类感情中最深刻、最本质的东西；才能确立人类一些起码的品质与秩序，使人们的道德感和社会责任感得到强化，并由此担负起那些与人类自身及其社会生存与发展密切相关的义务和使命。“夫妻约会”的生活方式能在这些方面与婚姻生活相互交叉或代换吗？显然不能。

因为“夫妻约会”生活方式并不追求、也不相信婚姻“1＋1>2”的整体效益，而只是都希望自己一方获得的更多，都只关心自己一方不能因婚姻而失去太多，好一点的也不过是只求“1+1”不要小于 2 的效果。至于在感情、道德、责任心方面，可以说更与婚姻生活的本质背道而驰。是为了逃避自己对婚姻应负的道德义务和责任。作为出现在社会转型期的婚姻现象，“夫妻约会”包含着一些新婚姻文化模式的颗粒，但从总体上讲，它远不足以作为一种独立的婚姻生活方式存在，更没有加以推广和泛化的价值。

○理解＋信任＝快乐

对于夫妻而言，理解是让家庭和事业插上翅膀飞翔的魔术师。

夫妻关系相处得好与坏，不仅关系到生活的幸福、家庭的和睦和社会的稳定，而且对于一个人的学习、工作和身心健康都会产生直接的影响。

俗话说：清官难断家务事。夫妻关系究竟应该如何处理，确实有很大的学问。其中，理解与支持是夫妻沟通的桥梁和纽带，只有相互理解、相互支持才能把夫妻关系协调好。

1. 理解与容忍

(1)理解妻子。古语说：女为悦己者容。妻子最关心的就是在丈夫心目中的位置，如果妻子得知丈夫不是全心全意地去爱她，那会使她无比的难受，而且这种难受是深深的心灵痛苦。

妻子需要赞美。赞美她的容貌、她的勤劳、她的温柔贤惠等等。凡是女人所有的优点，她都希望在丈夫心目中自己是独有的。哪怕丈夫是说假话，虚伪地赞美她，她也会对此深信不疑，认为自己果真是闭月羞花之貌，是天底下最温柔、最贤惠、最勤劳的女人。

女人爱虚荣，尤其在丈夫面前，更容不得半点伤她自尊心的话。在口才与交际训练班上，一位女士讲到她的丈夫时说："我丈夫最会赞美人，每次看到我穿了一件新衣服，他就会赞不绝口，说那件衣服我穿最合适。有时我觉得他的赞美是违心的，但我也特别爱听，至少它让我感到心情舒畅。因此，对家务，我总是抢着干，生怕对不住他的夸赞。不然，如果他一天到晚说我这儿不好，那儿不行，我才懒得给他洗衣服做饭呢。"

丈夫应理解妻子作为一个女人的天性并给她们一些言语上的赞美与鼓励，让妻子肯定自己在丈夫心中的地位，促使夫妻间感情进一步加深。

丈夫,也需要妻子相应的理解。对大多数男人来说,他们最关心的就是自己在社会上的地位,尤其渴望有朝一日出人头地,在事业上有所建树。可这并不是空谈,除了他自身呕心沥血地忘我工作之外,同样离不开妻子的支持。正如一首歌中所唱:“妻子是丈夫的连心锁,丈夫是妻子的暖身炉。”这连心锁的责任不可谓不大。事业上,丈夫需要支持;感情上,丈夫需要抚慰;生活上,丈夫需要关心。丈夫在外也有酸甜苦辣,也有诸多的烦恼和不顺心,所有这些向谁诉说?最佳人选当数自己的妻子。难怪有的男人在外面受了窝囊气,回到家里往妻子身上发泄。当然,这种做法很不好,但它却反映了一个事实:妻子对丈夫有着至关重要的作用。

(2)忍受唠叨。没有哪个男人爱听妻子的唠叨,但又不得不面对妻子唠叨的。不然,两口子非得一天到晚干仗不可。似乎唠叨是女人的天性。可有迹象表明,在结婚之前女人不怎么唠叨。为什么偏偏结婚后就唠叨个没完没了呢?

在心理咨询中,有这么一种现象,或许可以成为解释唠叨的原因:爱情迷住了女人的眼睛,对男女的缺点视而不见,一旦结婚,角色心态发生变化,缺点便显得十分突出,为了表示自己的不满,使用唠叨发泄心中的怨气。朱小姐很爱自己的丈夫,可总是对一些小事唠叨个没完。其实,丈夫的弱点在婚前就有所暴露,那时她对他的缺点视而不见,而且当时觉得自己没有权利指责男友。一旦结婚,角色地位发生了变化,妻子有权利对丈夫指手画脚,丈夫的缺点又十分明显,唠叨便无法避免。

“婚前做奴隶,婚后做将军”,从奴隶到将军,男人这种地位的转变使得女人大权旁落。女人为了争得往日的“领导权”,便用唠叨弥补自己的失落感。许多男人在结婚之前,为了博得女人的好感,总是唯唯诺诺,俯首听命,百般讨好,一旦目的达到,立刻转变往日的面孔,要“翻身做主人”了。于是,讨好的言行不见了,过去的誓言也抛在了脑后。这无疑对妻子是一个打击，于是用唠叨作为对不满的宣泄。

女人的情绪易变，因为一点小事，可以引起较长时间的情绪波动，这时，唠叨似乎成了最有效的发泄方法。许多做妻子的都有这种感受，有时下了班，回到家里，也不知从哪儿冒出来那股子无名火，看什么都不顺眼，非发泄出来不可，于是丈夫就成了妻子发泄的靶子，成了唠叨的承受者。

“为什么下班这么晚，干吗去了！”

“回到家也不帮我做饭，懒死了你！”

“一天到晚伺候你吃，你是大爷呀！”

“瞧瞧，让你干点活儿怎么那么费劲哟！”

……

当然，许多妻子的唠叨跟她在丈夫面前得不到重视有关。一般说来，妻子或多或少都会对丈夫有一种依赖心理，如果丈夫一心扑在事业上或因与外界交往而怠慢了她们，她们就会有一种失落感，好像自己在这个家中不存在似的，于是就用唠叨去引起丈夫的注意，表明她的存在。

因此，对丈夫来说，面对并接受妻子的唠叨，只是解决问题的第一步，要想让妻子少唠叨甚至不唠叨，最有效的方法就是给她更多的爱，让她处处感受到你是关心她，爱护她，并把她放在一个十分重要的位置上。

2. 尊重与信任

夫妻双方不管地位高低，也不论挣钱多少，他们在人格上都是平等的。在共同组建的家庭中都有同样的权利。如果一方无视对方的存在而恣意横行，那无异于对对方人格的践踏。试想，当有人践踏你的人格，剥夺你的权利时，你会答应吗？

夫妻生活不同于一个人过日子，一个人生活怎么都好办。一个人吃饱全家不饿，一个人享福全家高兴，一个人发布命令全家执行，一个人想干什么就干什么，不必请示、汇报，也不会发生矛盾。夫妻生活则不同，它是两个独立人格的结合。在这里，任何一方都是主人，同时又是仆人，没有谁服务于谁，谁服从于谁之说。因此，要想保持夫妻生活的和谐，相互尊重占据着中心位置。如果你不顾对方的意见和建议，独断专行，势必会造成矛盾和冲突。

相互协商是互相尊重的体现。夫妻间需要协商的内容很多，家务劳动和分工，家庭收入的安排，对待对方家长的态度等等。在相互协商中解决问题，可以避免不必要的冲突。

夫妻间最可贵的东西是尊重，否则会导致互相猜疑。许多家庭悲剧是由猜疑拉开序幕的。杨君 28 岁，结婚不到两年，妻子就跟他离婚了。她受不了他层层的限制和疑心，她觉得夫妻之间最可贵的是尊重，如果连最起码的尊重都没有，做夫妻还有什么意思呢？问题出在杨君身上，他疑心很重，结婚后看到妻子跟别的男人说话，他马上就想到他们是不是有不正当关系。开始，他一般回家以后才追问她，并一再告诉她不要跟别的男人来往。可是，同事之间总不能不说话吧？后来每当他看到她跟别的男人在一起，就忍受不住，常常不顾情面地当着大伙的面骂她“不正经”、“跟别的男人乱搞”等，她受不了他的管制和污辱，一气之下跟他离婚了。

3. 心灵的默契

爱的智慧是如此简单，它让双方直接地看到了对方的心灵。

一位女士讲了这样一个故事：“一天中午，丈夫外出办事忘带了一张票据，托人带回抽屉钥匙让我找出来。我不经意地发现一个存折，看上面的数字，多次存入总余额已有 35000 元。这意外发现使我心跳加剧。丈夫存这么一大笔钱我竟一无所知，身子一软坐在地上，许久才爬上床。整整一个下午我没去照看商店，怎么也接受不了这个事实。多年夫妻，彼此信任，钱财从不戒备，也一直未发现丈夫花天酒地。可这铁的事实证明丈夫的野心不小。丈夫能存私房钱，我也会，我把存折按原样放好，决定知而不举。

私存下第一笔钱的那天晚上，我一夜未眠，心里总觉忐忑不安。丈夫为家为孩子也为我，日夜奔波操劳的一幕幕，电影一样在我脑海中闪现，虽有点私房钱，也是功大于过。第二天我早早去银行把原是我名的存款改了丈夫的名字。真是怪哉，用丈夫的名背着丈夫存款，不仅坦然，还有深情。

我虽对丈夫存私房钱表面上装作若无其事，私下里对他的一举一动却开始严加防范，但始终一无所获。只是感觉丈夫一如既往地对这个家倾注着心血。家里的钱财也怪，正正经经地攒钱攒不下，偷偷摸摸地几个月我就存了5000元钱。

我爸60岁生日的前两天晚上，丈夫突然问我：'爸盖一座砖房需多少钱？'我顺口说：'还不得四万多？'语音刚落，丈夫就把一个存折放在我手上，说：'这是我给老爸准备的生日礼物。'正是那张存折，数字已是四万元。啊！真该死，为什么第一次发现丈夫的存折没联想到三年前的那个春节呢？那是我们去给父母拜年，晚饭时不常喝酒的丈夫破例喝了两瓶啤酒，瞪着两只发红的眼睛问我爸最大的愿望是啥，我爸说就想在入土前住几天自己的砖瓦房。丈夫像看外星人似的盯着我爸那饱经沧桑、布满皱纹的老脸足有五分钟，然后把手中的半截烟狠狠地扔在地上，从此，嗜烟成癖的丈夫再没抽过烟。

想起曾对丈夫的怨恨，我愧疚又感动。我双手紧紧地抱住丈夫，呜呜地哭了起来。第二天，丈夫让我去银行取出那四万元。我说：'你存的还是你去吧。'丈夫神秘地笑了：'不经你的批准，我取不出来。'我不解地一愣神，似有所悟。拿起存折一看，真该死，总是只顾看数字，这分明是我的名字。急忙拿出我那张存折，丈夫倒是先看名字，抬起头来，四目相对，彼此看到了对方眸子里感动的泪水。"

4. 男性婚后的心理

夫妻离婚的理由很多，其中有一种说法是："因误会而结合，因了解而分手。"这说法带有自我安慰和逃避的态度。其实,婚姻破裂多因双方缺乏了解,并由此引起误会而导致挽救无门。做丈夫的最渴望妻子了解及体谅的是什么呢?婚姻家庭专家经过调查研究,提出了男性婚后的心理状态和感受,供妻子参考:

(1)在男人心目中,工作和事业是最重要的一环,这也是他们建立个人形象和实现自我价值的重要途径,而不仅仅是为了谋生。丈夫希望妻子谅解他对工作的过度投入,而不要经常埋怨他因工作或跟工作有关的应酬冷落了自己。

(2)钱财对男人来说,除了可提供安定、富足的生活外,也是权力的象征。因此,购买较为贵重的物品时,大多数丈夫都希望妻子能事先跟他商量一下,尊重他的意见。

(3)几乎所有的男性婚后都喜欢跟婚前的朋友继续交往,丈夫不想让妻子过分地限制他跟同性朋友的来往。

(4)妻子通常不喜欢自己的丈夫注意其他女性。其实,男性爱看美丽的女性,纯粹是心理上的一种本能反应。

(5)在男性的潜意识中,潜藏着一种儿童心理。他们会对某些活动如踢足球、钓鱼、摄影、音响等沉迷极深,从中获得精神上的松弛,一般而言,这对他们应付工作压力是有帮助的。只是他们的沉迷,有时可能忽略了妻子。

(6)并非每个男人都能言善辩、细心体贴,有些男人口气很重,一句关心的话从他嘴里说出,也给人以凶巴巴之感。因此,女性应多留意丈夫如何做,而不必太计较他如何说。

总之,美满的婚姻可遇也可求,重要的是夫妻之间要加强了解,只有互相了解,才能体谅对方,也只有体谅,才能拥有和谐的气氛与幸福的感觉。

○互补使幸福和快乐倍加

没有太阳和月亮的相互辉映,哪有世界的和谐色彩!

男女爱情的产生和婚姻关系的巩固往往是由两类因素相互影响的结果:一类因素是生活目标、价值观念和兴趣的共同性,这是显而易见的;另一类因素是性格、气质和才能的差异性,这也是不可忽略的。

1. 夫妻互补及应注意的问题

夫妻之间要有许多方面的"同",同时也要有一定的差异,除了相互适应——即顺应、同化、内化以外,还要有"互补"。通过"互补",以求得夫妻关系更加和谐一致。许多事实证明,在科学界、文化界以及其他许多领域,天才人物往往具有一些显著地不同于一般人的素质,他们身上会有某些超群的、非典型的、反常的特点——有些是优点,有些则是缺点。他们为了弥补在爱情和家庭生活中的某些不平衡因素,因此所寻求的配偶往往是一些智力平平、但在其他方面有显著优点的异性。这样,生活就恢复了平衡,克服和补偿了缺陷。对一般人来说,"互补"的情况也是常见的:在业务上,丈夫长于此,妻子长于彼,才能相互帮助;一个人忙于工作,另一个善于持家,生活中矛盾就少;一方性子比较急,另一方性子比较慢,就可以既把事情考虑得周到些,又做得快一些等等。这样的夫妻正像凹凸相反的两块模子,十分贴切地合在一起。

夫妻之间的"互补"有许多基本形式,如同位补偿,即通过相互激发和帮助,化特短为特长;异位补偿,就是在共同的生活中扬长避短;升华补偿,就是在相互勉励和启发下,追求普遍的美德、远大的理想、高尚的情操,使双方都具有较高的境界;群体补偿,就是以对方的长处来弥补自己的不足。

互补往往不是自然形成的,而要自觉加以调节。为此,要注意以下几个问题:

(1)男女双方不论多么志同道合,在兴趣、爱好、性格、作风等方面总会存在这样或那样的差异,这是正常的,不必对此感到遗憾或不满。

(2)对差异要作具体分析,要看它表现在大的原则问题上,还是在日常生活小事上。例如,男女双方在理想方面差异很大,甚至背道而驰,这就很难"互补",只有分道扬镳了。

(3)"互补"往往是同一事物不同侧面的结合。这些侧面各有积极意义,也各有其不足之处,"互补"是积极意义上的结合。例如进行一项开拓性的工作,既要勇敢大胆,又要慎重仔细,如果丈夫的性格侧重于前一方面,妻子的性格侧重于后一方面,那么这种"互补"是十分理想的。

(4)不能忽略差异方面的消极因素。消极因素的结合不是"互补",而是"互撞";不是相得益彰,而是相互抵消。例如,丈夫虽然大胆,但鲁莽,妻子虽然谨慎,但保守,鲁莽加保守,这就糟了。

(5)夫妻"互补"还要具备一些条件,主要是双方互敬互爱,认识对方的优点、自己的不足,从而以对方的优点来弥补自己的不足。因为相互爱恋,才能致力于完美的结合,并努力保持一生。

2.性格各异的夫妻如何互补

夫妻相处如何,并不在于性格是否相同、相近或不同,而是在于夫妻之间如何相处。如果性格差异较大的夫妻,都能按以下几点去做,一定会相处得很好,成为恩爱夫妻。

(1)对性格要有正确的认识,要各自尊重对方的性格。这是最重要的一点。性格是人对事物所表现的经常的、比较稳定的理智和情绪倾向,并无优劣之分,不同于品德。不同性格各有不同的长处或短处。比如急性子性格多直爽,容易相处,但好发火,发起火来,可能让人忍受不了。相反,慢性子大多态度和蔼,平易近人,办事讲究质量，但速度较慢。性格外向的人则多活泼开朗，而性格内向的人则稳重深沉。

(2)要扬长避短，异质互补。要主动地容纳对方，在家庭生活中发扬双方的长处，避开短处。比如，善于交际的一方主外，做事心细的一方理财。夫妻双方的经历、兴趣和脾气不同，可以称为“异质”，异质可以互补。急性子慢性子相配，如能注意互补，往往会刚柔相济，急慢相和，动静相宜，进而相得益彰。人的性格也不是永不改变的。夫妻双方也应该注意逐步克服自己的不足之处。比如，性子过急的，要用心克服自己的急躁情绪，办事再沉稳一些；性子过慢的，则应办事再注意一下速度。

(3)尊重、帮助对方。应该注意的是，千万不要改造对方，而是要尊重对方，帮助对方。这样，夫妻之间一定会和谐、美满。家庭是社会的一个重要细胞，具有多元结构和多功能的特点。上要赡养老人，下要养育子女，其任务之艰巨，其情绪之复杂，任何一个环节出现问题，都有可能影响家庭的和谐。现实生活中，有些家庭就是因为没有处理好一些生活琐事，影响了家庭关系，结果经常发生吵闹，甚至发生武力冲突，使家无宁日。生活在这样的家庭里，其精神状态可想而知。后院起火，必然殃及家庭成员在前方的工作、学习和身心健康，增加额外的精神负担。

(4)大局为重。处理好家庭关系，需要每个家庭成员的共同努力，每个人都应以家庭安定的大局为重。家庭成员之间，平时要注意相互尊敬，遇事要相互忍让。俗话说：你敬我一尺，我敬你一丈。这句话在家庭里也很适用。在家庭的舞台上，夫妻应是唱主角的，首先要处理好夫妻关系，才能协调好全家人之间的关系。夫妻要互敬互爱，体贴入微，共同担起家庭的重任。要积极协调好各方面的关系，诸如婆媳之间、岳婿之间、妯娌之间的关系等等。在处理这些关系时，要能忍受委屈，要积极消除相互间的小摩擦，使家庭中形成一种尊老爱幼、相互体贴、人人平等、事事礼让、团结友爱、轻松愉快的和睦气氛。家庭和睦了，便为家庭成员的学习、工作和身心健康创造了一个宽松愉悦的环境，使每个成员的工作有成就，学习有进步，身心更健康。

3. 模范互补夫妻一例

演艺人士的婚姻，常被比喻成如玻璃般脆弱易碎，经不起摔打。因为他们以“动情”为职业，能把戏里戏外的尺寸拿捏好的人实在不多。他们拍拖、分手、结婚、离婚，好像是在不断更新，实际上重复的都是一件事。而李前宽和肖桂云这对夫妻，几十年历经风雨，感情日久弥深。他们导演的《开国大典》、《七七事变》、《重庆谈判》、《世纪之梦》等历史巨片让他们将国内各项导演大奖尽收囊中。这一对经典的模范互补夫妻的情感世界实在值得人们去探寻。

夫妻联手拍片，并取得举世瞩目成绩的导演，在中国，李前宽和肖桂云夫妇绝对是独一无二。江泽民同志曾称赞他们：“夫唱妇随，联手导片，了不起！”1941 年，李前宽出生在美丽的渤海之滨大连，肖桂云出生在松花江畔的冰城哈尔滨，因为都属蛇，二人戏称为“双十蛇”。

1959 年 6 月 24 日，李前宽参加完鲁迅美术学院复试刚进家门，又接到北京电影学院的准考证，开考时间就是次日 8 点。他收集作品，撰写简历，怀揣着妈妈从 18 户人家借来的 50 元钱，一路上吃了三个大饼子，从大连坐火车，午夜时分熬到了北京。花三角钱住进德胜门外大车店，闻着满屋子臭脚丫子味，熬到天蒙蒙亮，爬起来就往电影学院赶。就这样，电影学院美术系把李前宽录取了。肖桂云比李前宽晚一年来到电影学院。

第一次相遇是在学院的食堂。那时的伙食很差，主食是单调的两样，副食就是一大锅漂有几片油花和菜叶的汤。排在前面的同学能捞到几片菜叶，后面盛到碗里的清一色全是水。那天刚好李前宽排在肖桂云前面。轮到他时，用勺子还能舀上点“干货”。

可李前宽不经意间侧目发现后面是一位女同学，就谦让地说："来，你先盛！"肖桂云不好意思地说："你先来，你先来。"谦让之间，李前宽不由分说施展起轻捞慢起的本领把蒜苗盛给了肖桂云。肖桂云用充满感激的目光看了李前宽一眼。

不久，学院周末组织学跳舞，二人又见面了。肖桂云是学院公认的静美人。李前宽早就耳闻肖桂云是导演系的才女，男同学常常谈论起这个女生。只是在这次舞会上才知道，自己无意中竟讨好了这位美才女。舞会上，别的男同学想请肖桂云跳舞，又信心不足。一向果敢自信的李前宽却觉得，两个人第一次见面是偶然，那第二次再见面就是机缘了。于是他颇有风度地走到身穿红上衣，项系白围巾的肖桂云面前，邀请道："肖桂云，请你跳个舞好吗？"肖桂云一看这不是给她捞菜的男生吗？再次见面当然颇为亲切，她愉快地随李前宽步入舞池。

伴着"喀秋莎"的优美舞曲，二人翩然起舞。他们舞步和谐，吸引了众人艳羡的目光，以至于老师和同学都情不自禁地鼓掌喝彩。多年以后，肖桂云问李前宽当初凭什么大胆邀她跳舞，李前宽得意地说："凭感觉，那天晚上你我是最佳组合。"

感觉是最奇妙的缘。有了这次舞会的接触，李前宽就经常借故去找肖桂云。李前宽是学美术的，而肖桂云对画画情有独钟。一次，美术馆举办英国十八世纪印象派画家画展，李前宽为了能和肖桂云一块去看，又不想让人发现，挖空心思想法子。他们俩的宿舍在同一个楼。肖桂云在 207 房间，李前宽在 401 房间，是楼上楼下，又刚好可以看到。晚上，李前宽找来一堆小土块，把窗户打开，往 207 房间窗户上扔土块。肖桂云正在屋里写作业，猛听到外面窗户上有东西敲打的声音，推开窗户，刚想喊，李前宽在上面悄声说："到学校门口有话说。"肖桂云以为出了什么事，等到大门口才知道是邀她看画展。

第二天，李前宽借了一个木匠的自行车，带着肖桂云往美术馆骑。11月的北京已经很冷。坐在自行车后座的肖桂云脸冻得通红，手冻得失去了知觉。而李前宽累得周身往外冒热气。进了美术馆，肖桂云看见李前宽摘掉帽子手套，脸颊淌着汗水，心里暖融融的。她掏出了手绢去给李前宽擦汗。眼前这个憨实热情的小伙子，让年少的桂云油然而生一种爱意。

他们默默无语地看完展览，已经夕阳西下，可是谁好像也不想就这样分手回校。李前宽提议去喝羊汤。这是他们第一次在校外进餐。李前宽一口气喝了三大碗，肖桂云很喜欢他自自然然的样子。他这种性情让一向拘谨的桂云跟他在一起感到十分放松。这顿饭最后竟然是肖桂云付的钱。

由于那时在校园出双入对太显眼，两个人以求教为名常结伴去田风主任家，本来田主任就喜欢这一对颇有艺术天分的学生。渐渐地田主任看出了李前宽和肖桂云之间的秘密，便不时地在李前宽面前夸肖桂云，在肖桂云面前夸李前宽。一根红绳最终系到了两个人的脚上。到他们正式确定关系时，田主任家房门钥匙有时都由肖桂云保管。他们的毕业论文都是在田老家里完成的。1964年7月，李前宽毕业分到长春电影制片厂，临走之前的晚上，他们双双伸出小拇指紧紧拉到了一起，立下誓言：一年后，在长影不见不散。

一年后，分到长影的肖桂云以为终于可以与心爱的人朝夕相伴了，可李前宽参加社教运动四处奔走，肖桂云又被派往大庆体验生活。待到一年的时光悄悄划过，参加拍摄《初生的太阳》的李前宽，作为美术助理随剧组来到大庆，两个人才得以有一次相聚。这时两个人的恋爱关系已经公开。肖桂云的一位同学开玩笑地说，“你怎么能喜欢上李前宽，这不是好端端一朵鲜花插到了牛粪上嘛？”李前宽听后笑着说：“牛粪好啊，鲜花插到牛粪上，肥料丰厚，能保证鲜花茁壮成长开得更鲜艳。”听完这句话，肖桂云笑得捂住了肚子。

1968年的10月1日,恋爱八年的李前宽、肖桂云终于结成眷属。家是一间不足十平米的小屋。借了两张单人床并到一起,一个高桌(原是电影道具)。同事和朋友送了一大摞《毛主席语录》赶来祝贺,他们买了一大堆瓜子和冰糖招待客人。至今回想起来仍觉得那是个甜蜜的日子。

婚姻的幸福从来都不能用快乐来形容,这种幸福是一种共同承受、彼此抚慰的过程。

结婚不久,李前宽接到消息说,妻子拍完片要从外地回长影了。这天他早早地包好了饺子,又在高压锅里焖上了她最爱吃的土豆。可就在要打开锅时,高压锅的锅盖突然蹦起,一股滚烫的热水直喷到李前宽的脸上,左眼顿时一片昏黑,脸上也灼痛难忍。上苏打、抹香油……推开家门的肖桂云见此情景,心疼得哭了一场又一场。

事隔不久,肖桂云在拍电影《雁鸣湖畔》时得了大面积气胸,躺在医院一个多月。这时孩子又得了扁桃体炎,而李前宽被派到外地。那年代工作纪律严,为了不让丈夫着急上火,她竟没告诉他,硬是一个人挺过来了。80年代初,长影著名编剧张笑天完成了一个剧本《佩剑将军》,在当时是一个比较敏感的题材。经过深思熟虑,厂里把导演的重任放到他们两个人身上,这也是夫妻俩第一次联合执导一部戏。带着压力,带着责任也带着挑战,他们不分昼夜地奔波在60多个景点中。两个人花了50个工作日,用了55万元钱,放映后除收回成本外,还赚回了200多万元的利润,这在1982年,破了单片获利的最高纪录。

李前宽、肖桂云的名字第一次联名出现在银幕就一炮打响。当时,名字谁在前谁在后夫妻俩还有一段插曲呢!妻子说:“你是男的,付出也多,你就在前吧。”丈夫说:“搞导演,你是内行,还是你在前。”最后,还是李前宽说:“别争了,无所谓,由摄制组随便去安排。”结果,还是肖桂云的名署在了前面。

此后，这对影坛“夫妻店”好戏连台，先后导演了《甜女》、《黄河之滨》、《逃犯》、《田野又是青纱帐》等影片，宋丹丹、洪学敏、赵军、吕晓禾、韩月乔等一批青年演员以这些影片相继走红。而《开国大典》唱响了一曲雄浑的“献礼片”颂歌。它与此后拍出的《七七事变》、《重庆谈判》、《金戈铁马》、《旭日惊雷》等系列历史巨片一起形成了一整套与好莱坞电影截然不同的叙事模式。要是在哪个场合，朋友们见到李前宽没见到肖桂云，第一反应就是问：“肖桂云呢？”见到肖桂云一个人，也会问：“李前宽呢？”肖桂云说：“大家简直把我俩看成连体婴了，总习惯看到我们一起出现。”牢固的夫妻关系，或者建立在事业上的密不可分，或者建立在精神上的互相依赖。李肖夫妇无论从哪方面都成了对方的不可分离的另一半儿。

演艺圈男导演与女艺员的绯闻不绝于耳，这么多年来李前宽和肖桂云之间也有争吵，但他们的感情从来没有因绯闻而出事故。谈起这个话题，李前宽笑着说：“肖桂云已经把我的空间占满了，我的心里没地方装别的女人了。”肖桂云则说：“有的男人喜欢新鲜，有的男人喜欢深刻。并不是我有多完美，大概是我就遇见他这样的人了。其实男人也需要信任感，他常说如果我离开了他，他就再也不会信任任何女人。我也有同感。我们都不想失去这种对我们来说最宝贵的信任感，我们当然要坚持某些东西，不能随随便便。”

婚姻是一次长谈，伴以争辩，再往后就是一种默契。有人说，中国自80年代起掀起的“主旋律”影片的热潮因这对影坛夫妻导演的出现而呈现蔚为壮观的局面。也有人说，在影视圈两性关系混乱的今天，这对三十多年的银幕伴侣为道德失范的艺人树立了正面典范。

○快乐生活靠性情缔造

形态也是一种有效的沟通，它传达出许多有效的心灵信息！

1. 夫妻的性关系

在两性关系中，再没有什么别的事情比性交流更容易导致误会了。一对夫妇进行交流的性生活不仅仅是肉欲行为，他们该学到的最为重要的东西——性关系乃是整个夫妻关系的一面镜子。如果一对夫妇希望他们的婚姻生活幸福美满，就必须使性关系相互协调发展。

(1)男女差异。男人和女人往往对性有着不同的看法，在对一百对夫妇进行的调查中，曾个别地或者集体地询问过男男女女，如果他们知道自己再也不能和他们的配偶进行性行为，他们会有什么感觉。几乎所有的女人都说："假如我再也不能和我丈夫发生性关系，其实这也不是什么了不得的大事。"可是她们很快就被证明，假如她们不再被丈夫抚摸、亲吻或者调情的话，这可就成了一桩了不得的大事了。

当我们拿这个问题问那些男人的时候，他们几乎总是嗤之以鼻，反应一致："放弃性生活？""没门！"让男人放弃性生活就等于让他们放弃饮食。男女之间怎么会有如此巨大的差异？雄性激素对男人起的作用难以令女人相信。这种激素把男人的性欲煽动得十分炽烈。大多数男人到了40岁左右，雄性激素分泌水平开始下降，可也有的男人到了80高龄却依然显示出勃勃生机。

男人的雄性激素会让他们觉得自己赢得了什么大奖……几乎每天赢取一个！他迫不及待地想"告诉"你是怎么回事，可是对此毫无兴趣的妻子却这般反应："到明天再说吧。"试想，这会使那个男人产生什么样的感觉？有些男人的雄性荷尔蒙负荷那么重，当你在床上悠然入梦时，他却在另一侧被折磨得全身颤抖。也许这样会使你懂得，为什么当你对他不理不睬时，他会那么泄气。

和谐美满的性生活，是已婚夫妻的正常生理要求，要依靠夫妻双方的感情、经验的积累和默契合作逐渐建立起来。感情是性生活和谐的基础，夫妻之间相亲、相爱、平等、尊重和体谅不仅是爱情的道德原则，也是性生活和谐的基础条件。对女性来说，感情的需求比性欲的满足更为重要。她们比男性更容易克制自己的性冲动，更重视爱情、依恋、尊重和忠诚。

每次性生活，不论谁先提出，都要依据双方当时的性心理状态和具体情况而定。如一方心理上正处在紧张、焦虑、忧伤、烦躁等状态或注意力正集中于某件事上，另一方就应给予体谅和照顾，而不应该强求或强迫对方。否则不仅使性生活难以和谐，还可能给对方的性心理造成创伤，从而影响日后性生活的和谐。此外要掌握性生活的规律，要互相主动配合。

一般来说男子易于冲动，女子则不易动情；男子性欲从性器官上便可得到满足，而女子的性欲往往还需要从语言、心理、精神等方面得到满足。这些差距要求夫妻间在性生活上应有一种责任感，丈夫要照顾妻子，要用温存的语言、亲昵的动作使妻子动情，以获得性的满足。妻子对丈夫正当的性要求，应予以积极的配合，而不应冷淡拒绝。还应该特别指出，不懂得夫妻性生活重要性的人，常常会给自己埋下家庭悲剧的种子。比如，有的妻子竟拿夫妻间的性生活作为讨价还价的资本，当自己向丈夫提出某种要求得不到满足时，便在性生活上采取冷淡或拒绝的态度，以此对丈夫实行“惩罚”。久而久之，丈夫的性冲动得不到发泄，不仅会导致阳痿、早泄等，甚至还可能因此而寻求“第三者”。

夫妻感情不好的因素很多，但很重要的一点是由于性生活不谐调造成的。更多的情况是男方只顾自己的需要，而不尊重女方的意愿。有些男子在性生活上还存在着“夫权”思想，认为妻子是我的,不管女方是否愿意,只求自我满足。这是一种自私的性心理,它会导致妻子对性生活的心理障碍,破坏性生活的和谐与美满,从而造成夫妻感情上的裂痕。

(2)再婚夫妻的性生活。离婚或者丧偶以后,大多数人还要再婚,寻求组织一个新的家庭,这是心理上和生理上的需求。由于再婚夫妻一方或双方有过婚姻史,不论从性心理或性行为方面都有其特殊之处,如果性生活不能和谐,还可能出现再离婚的结果。因此,再婚夫妻过好性生活,应该引起重视。再婚夫妻的性生活中,经常会出现性心理重现与对照。当双方表现出性爱的亲昵,往往使一方联想到以前的性生活,极易产生比较。

各人的生理和性心理差异,将导致性方式的不同,如爱抚时间的长短、动作是否粗暴等,假如与前夫或前妻有差异,则很难达到性和谐和性满足。对于再婚夫妻来说,要使对方从记忆中完全抹掉前夫或前妻是不大可能的,也不应强行要求对方忘却一切。最明智的办法是,任其自然,多给予同情和关怀,让对方体会到你深切的爱。同时,也应多以对方的长处去对比前夫或前妻的短处,更加珍惜重新获得的爱。如果一方是老处女或老鳏夫,由于一方长期无性生活的体验,也可能不易改变长期生活中形成的对性生活的厌恶心理,相互也难以合作,致使性生活失败。对于性生活有厌恶心理者,应多安慰体贴,消除不必要的顾虑,使对方明白,既然是夫妻,就必然有性生活。

再婚夫妻的情况比较复杂,需要有一个相互协调和适应的过程。若男方是离婚者,女方是初婚,则男方对性生活的要求可能迫切,女方则不习惯;如果一对老年再婚夫妻,问题可能会更多、更复杂。因为从生理上讲,性欲和性功能都会随着年龄的增长而逐渐降低,女性的性欲更没有男性那样强烈,若再婚后男方要求性生活频繁,会使女方感到不适应和痛苦。对于一些老夫少妻的再婚者,也会因年龄的差异悬殊,在性生活上表现出不能适应。因此,再婚夫妻性生活的和谐，要解除顾虑，对性生活进行坦率的交流，互相关心体贴；男方动作粗鲁，女方应提醒；女方性欲低下或缺乏性高潮，男方应多加爱抚，激发女方的性欲及性高潮。在婚后的生活中，共同学习一些有关的性知识，更有利于性生活的协调和适应。

(3)性关系的协调。夫妻间的性协调，就好像是一个两人合伙的投资公司。公司运转得好坏，最重要的就是双方投入的与所获得的东西是不是基本相符。没有人愿意在一种合作关系中老是吃亏，也无法长期容忍另一方老是占便宜。可是，许多夫妻实际上并不懂得这样一个浅显的道理。最常见的失误就是，一方总是没有注意到，另一方实际上已经投入了许多努力，来协调双方的性生活。例如，一方喜欢某些具体方式，而另一方却并不喜欢。在运用这些方式时，喜欢的一方就常常忽视了另一方能够同意这样做，就已经是在付出和投入了。如果喜欢这样做的一方没有用赞赏、感激与体贴来作为回报，那么另一方就会觉得自己没有获得应有的回报，就会觉得对方不理解、不尊重、不爱自己。时间一长，就会不由自主地生出些别扭来。

双方选择性生活的时机时，一方可能觉得在这个时机过性生活是天经地义的，但是另一方却觉得自己是在勉为其难，是在付出代价。如果前者没有理解和体谅到这一点，没有用其他方式或者在其他方面做出应有的回报，后者就会认为自己在吃亏，甚至是在被强迫。天长日久，每一个小阴影累积起来，婚姻就会进入寒冬。夫妻性生活中的互相奉献与互相回报，一般都是心照不宣，很少用语言来说明。但是这种“交换”实际上确实存在，而且恰恰因为做出了奉献的那一方不会明说，另一方就更容易忽视，更容易在无意中伤了对方的心。许多夫妻羞于谈论性的交换，甚至根本就不愿意从交换的角度来认识和评价自己的性生活。但越是这样，就越不容易认清对方为自己所做出的奉献，也就越不可能做出相应的回报，结果终成大祸。

有三种情况容易导致性生活的不协调：

第一种情况是，有些人从小娇生惯养，一直以自己为中心，因此缺乏理解别人的能力，更不懂人生在世，应该尽量体谅别人的弱点和缺点，应该是“得饶人处且饶人”。这样的人往往会在性生活中苛求对方，一旦发生矛盾，就只会残酷斗争，不会主动让步和妥协，而且也很难在短时期内学会。

第二种情况是，有些人从小生活在压抑的家庭或者社会环境当中，心理上充满了灰暗的色彩。他们会在性生活中出现两个极端的表现。一方面，他们出于别人难以察觉的深深的自卑感，对于对方的一切表现都会过分敏感，动不动就认为自己在性心理上受到了伤害，但又绝不愿意向对方表露，因为他们往往认为那是一种“乞求”。他们为了保护自己那自卑的心灵，往往会在性方面以攻为守，把自己在性生活中的一切不愉快和不适应，统统归罪于对方，甚至因此向对方发动“圣战”。这些人的共同特征是常常用争强好胜来掩饰自卑，或者以冷漠来维护自尊。

第三种情况是，由于在生活道路上曾经遇到过种种挫折，有些人即使在夫妻性生活里也同样缺乏足够的安全感，似乎总是在担心着什么，往往让对方手足无措，不知道应该如何去体贴和关心。这样的人虽然不一定自卑，却常常多疑。在当今的社会环境里，他们往往会百倍警惕地注视着对方在社会交往中的一举一动，生怕天外飞来一个“第三者”。一旦他们认为自己发现了蛛丝马迹，就会用冷漠或者争吵来告诫对方。但是如果真的让他们因此而离婚，他们又会顾虑重重，不愿丧失目前这一点点安全感。

上述这些个性上的缺陷，对性生活的美满极为不利，而且越是坚持就越不利。对于当事人来说，需要自我承认和自我完善，而对方则需要充分地认识目前所面临的局面，或者全力以赴地给予帮助，或者“长痛不如短痛”，决意分手。

(4)对性生活的抱怨与误解。不同年龄的人会遇到不同的性问题,即使是同样一个问题,也会因年龄的差异而出现不同的表现。对于性问题,可以说是各有难言之隐。比如,一位新婚不久的男性遇到了这样的苦恼:“结婚以后,我妻子一直对我有意见,说我成天总想着床上那种事情,结婚前说的那些如何爱她的话都是假的。也许我的性要求次数多了一些,但我不明白她为什么会对我这么反感,从性生活中她不是也可以得到快感吗?”

另外一些结婚十几年或几十年的男性却道出了相反的苦恼:“这几年我妻子对我意见很大,说我很少干那种事情,这就是证明我不爱她。我这个人身体上没什么毛病,每周都能和她过上一次性生活,可是她好像还不满足,我怀疑她是不是得了性机能亢进病。”这些位男性所反映的,实际上是男女之间的性欲差距问题,其中又掺杂了一些社会文化的因素。

从生理方面来说,男性的性活力在青少年时代后期趋于高涨,再加上婚姻初期的新鲜感和长久的性能量的积累,这时候的男性通常都会表现出强烈的性欲。而相对来说,女性的性欲在这个时候却比较弱,再加上对房事的羞涩感还没有解除,因而对性的要求就远不如男性强烈。这种在性欲上的差距很容易使女性对男性发生误解,她们以为男性其实并不爱自己,只不过把自己当成了泄欲的工具,因而对男性的性要求产生反感。

女性的这些抱怨虽然出于误解,但也并非全无道理。青年男性往往不能将肉体需要和感情需要区分开来,在经过性交之后,他们既觉得生理需要得到了满足,又会觉得感情需要也得到了满足。换句话来说,他们在进行性努力的同时,也认为自己这是在向对方表达爱情。女性指责他们没有爱情的时候,他们就会感到格外委屈。这种情况随着男性的成熟会得到改变,成年男性越来越不喜欢通过性生活的方式来证明自身的感情,而地愿意通过不同方式的交流来达到目的。

青年男性在性生活方面受到女性的责备后,重要的不是在性生活方面加以改变，而是要注意加强自己的感情表达方式，让女性充分体会到自己的爱心。有了这个前提，女性就会欣然接受以前不愿意接受的性生活方式。那么，随着年龄的增长，情况会不会有所改变呢？从生理上讲，当步入中年之后，这种情况就会发生逆转。原来是男性热烈，女性淡然，中年之后很可能就会变得女性热烈，男性淡然。我国民间有句俗话，叫做“30 如狼，40 如虎”，其中隐含的意思就是指步入中年的女性，其性欲会变得格外强烈起来，这句俗语虽有夸张的成分，但的确是符合现代性学观点的。

据性医学专家根据广泛调查得出结论，女性在 30 岁后期和四十多岁早期，性欲趋于高峰。而进入这个年龄段的男性却未免相形见绌，他们一方面不像当年那样旺盛，另一方面由于事业与生活的压力又使其性欲受到压抑，因而对妻子的性要求就有些难以应付。女性则不是这样，她们在经历了一段较长时间平凡的家庭生活之后，从柴米油盐酱醋茶和锅碗瓢盆的碰撞当中，感到爱情的浪漫色彩大大减弱，在精神上对性生活的束缚和顾虑也完全消失，因而可以赤裸裸地去追求性生活。这种直率大胆的行为却使男性感到难以接受，这时的男性已经不能满足于只从性生活中获得人生的乐趣，再加上体力有所不支，便会对妻子采取逃避态度。比如，有人借口工作忙跑到办公室去住，妻子硬把他拖回家。不知内情的人还以为他们夫妻间闹了什么矛盾，却不知道实际上是由于性生活不协调所致。

这种问题解决起来并不太困难。作为丈夫，年轻的时候应注意经常采用非性交方式来表达自己的心意，而进入中年后则要争取多用性接触来增进两人间的感情。作为妻子，新婚后应注意及早把浪漫的情感转化为切实的贴心之爱，而进入中年后却要注意尽力帮助丈夫分担事业与家庭责任方面带来的精神压力。对于虽有差异但未起冲突的夫妻，做到以上几条就可以完美地协调好彼此关系，但对于那些冲突已经发生而且比较严重的夫妻，这些方法就不大管用了，他们最好能坐下来共同协商解决办法，或者寻求外力的帮助。

2. **性生活前奏**

夫妇间性行为并不仅仅是一种肉欲行为，也是关系良好的一种表现。它就像铺在一桩美满婚姻上的一层糖霜。让人心满意足的性行为就像欣赏自己施展了浑身解数，终于钓起了那条能使自己获大奖的大鱼一样。正如丹佛大学的心理学家加里·奥利弗在谈论到男婚女嫁、两情相悦时说过的那样："生活里的一切都是做爱的前奏。"让人心满意足的性行为至少包括相辅相成的五个方面。

(1)口头交流。口头交流对于健康的性生活关系极大。它涉及到如何通过谈话让配偶来了解你。对于大多数女性来说，她们对男人竟然能够在任何时候进行性行为而不管它的质量究竟如何而感到惊奇。女性们通常需要在和配偶进行亲密的口头交流以后，才能领略到性的乐趣。她们会对性的交流更加敏感，只要整个婚姻关系是公开而充满爱意的——她们觉得自己的丈夫理解并且尊重她们的感觉。

有一对夫妇，正在努力解决这个问题。丈夫因从妻子那儿得不到性的满足，专家建议他回到他的妻子那儿去，设法用比喻来向她表达他的感受，"你用比喻把你对这个问题的感受清楚地摆在桌面上。"

他照这样去做了，而他妻子也用比喻做出了发自内心的回答。

"亲爱的，我有个问题"，那天他对她说，"我要你仔细听我怎么描述。"

"好的"，妻子回答。

"当我离开你去上班时，我觉得自己好像进入了一片沙漠的中央，我热得直冒烟，我在慢慢地被炙烤着。可当我一回到家里，我就觉得自己仿佛走进了一片绿洲。"

妻子微微一笑,说:"那很好。"

"不见得",他继续道,"当我回到家里,看到你那么漂亮,而我又不能充分享受我们俩的关系时,它的一部分倒像是海市蜃楼。"他静静地坐了一会儿,然后用最温柔的语气问她:"我如何才能让那个海市蜃楼恢复成我们以前拥有过的那片真正的绿洲?"

妻子一直听着,过了片刻,她有了反应,说:"我会告诉你如何回到那片绿洲里去,我甚至会为你做刚才你为我们做的事情。我要用比喻描述给你听。"

"我觉得我好像是一本珍贵而稀有的古书",她说,"我们新婚之初,你会把我捧在手里欣赏,使我不受灰尘的侵害,你抹亮金色的页码,把我保护得好好的。"丈夫对她报以会心的微笑。

"可是后来这本珍稀的书遭到了不幸",她继续说,"你不像以前那么关心它了。它一直搁在书架上,被尘埃覆盖。金色的书页上遍布着只要稍加擦拭就可以除去的污垢,现在我只是许多珍稀书籍里的一本而已。"很久以来,这是她第一次和他沟通心事。因此他问:"我该如何使这本书得到它应有的照料?"妻子就告诉他说哪些事情对她非常重要。例如他对她说"我爱你",甚至包括那些丈夫以为不相干的事。她也留恋地回想起丈夫经常给她送花和贺卡的那些日子。

他们两人在感情上谈得很深入,他们能够互相帮助。这次深入到感情和需要层而进行的交流,使丈夫和妻子的性关系进入到一种更丰富、更加充分和相互满意的境界。它尚未达到完美的程度,但是在情感的交流上他们已经达到完美。

(4)肉体交流。一提到肉体交流,会让人更多地想到触摸、爱抚、拥抱、亲吻和调情。

从调查过的和曾经咨询过的妇女来看,得出这样一个结论:多数妇女每天需要丈夫对她们进行情意绵绵的8到12次抚摸,才能使她们的精力保持旺盛,并且体会到自己依然和丈夫保持接触。

一次拥抱、轻轻捏她手一下、肩膀上的一记抚拍、一个温柔的吻都会使她们精神愉快。适度的触摸会使触摸者和被触摸者双方的体内释放出一种令人愉快又有治疗作用的化学流。研究表明,人们通过对动物,如狗和猫的温柔关切和触摸,能使自己变得更加健康,因此适当的相互触摸会使彼此都受益,心情舒畅。

(5)精神交流。有些人对一个古老的格言感到由衷的诧异:一起祈祷的家人永远不会分离。可是,几年前一个博士在几个大学主持了一个研究项目,在对上百个自认为健康的家庭加以仔细调查研究后,他得出了一个结论:健康的家庭有共同的特征,其中之一是“有共同的个人信仰”。社会学家进行的调查则表明“经常的性行为加上经常祈祷造就了大多数的美满婚姻”。

精神交流也许是最高层次的亲密,有共同信仰的丈夫和妻子能够从此相互认同——心心相印。

3. 性的活跃与萧条

美国心理学家林达·威劳斯对2000名妇女进行“锻炼与性欲”的调查,其中40%的人认为运动有利于唤起性欲。31%的人认为运动使性要求明显增加,有25%的人则认为运动使她们更易达到性高潮。按年龄的增长,人的性欲有3个活跃期和3个萧条期。

(1)活跃期:

第一个活跃期,15至25岁左右。在此时期男性性冲动十分强烈,稍有性感刺激,立即出现性器官的兴奋和性心理冲动。自制力差的人,会迫不及待地追求发泄。此一阶段容易出现性犯罪。这一时期性发育同心理发育不能同步发展,心理发育未成熟,出现明显的差距和矛盾,所以有时也是造成早恋、早婚和早育原因之一。有的青年缺乏性知识,对性欲的出现、遗精等问题不理解,性的冲动无出路时,感到烦躁、空虚、寂寞。大部分青少年在此期间因生殖器摩擦会产生快感,而自觉或不自觉地去玩弄它,于是开始了手淫。对于手淫如果掌握得合理,也没有问题,但有的人沉溺于手淫或遗精过频，就会给以后的婚姻生活带来阴影。男性 20 岁左右是性冲动的峰值时期。教师和家长应对青年进行适当的性健康教育，使他们顺利渡过这个活跃期而终生受益，应指导他们集中精力学习，转移性冲动，以适当次数的手淫解决性出路，使性欲得到释放，以减少日后的性功能障碍的发生。女性此时期生理也逐渐发育成熟，有性欲，但含蓄，呈被动型，尚未达到性欲的高峰期。

第二个活跃期：35 至 45 岁，也称女主动性活跃期。此时期女性性欲比较旺盛，常有主动的性要求，也积累了相当的性经验，比 25 到 35 岁时的性生活情趣更浓，但受个体差异等多种因素的影响，尤其是与丈夫和做爱技巧有很大关系。男性在此时期的性欲虽仍很强，但人的体力毕竟有限，性活动虽然增多，但不应周期延长。此期间夫妻性生活次数较第一活跃期少，但质量要高一些，夫妻配合得好，大都能同时进入高潮，享受到性快感和性乐趣，性生活后感到身心愉快。

第三个活跃期：55 至 60 岁，也称老年性活跃期。这短短五年是步入老年的关键时期，性的变化差异很大。这时由于社会条件左右了整个生活领域，如地位的变化（多转向悠闲），有一定的经济基础，子女多数分居，家务减少，性活动又有些恢复了。即使丧偶，也可能有“黄昏恋”。此时，由于健康状况，每个人对性的要求不一样。体健者性活动次数多，体弱者则相应减少，但不会消失。有文献指出，如果老人不顾社会偏见、宗教训诫和他人议论，就从不会丧失对异性的兴趣。老年人更强烈的性恋原因是对往昔的怀念和对旧情的珍惜以及动物的本性。在第三活跃期中，女性性欲减退相对明显，有的甚至拒绝男性的性要求。如果存在这种情况或者因为丧偶，男方因过剩的性精力没有正常的发泄渠道，产生“性饥饿”，有时会不顾社会道德和法律制约，出现强奸少女、鸡奸少年等性犯罪行为，故这一年龄段有第二危险年龄之称。

（2）萧条期：

第一相对稳定的萧条期:25 至 35 岁。此时期的人正当青壮年,性冲动相对稳定,多数人已成家立业,专心于事业进取,对前途有追求。大多数人履行抚育子女、供养父母、搞好家庭生活的责任。大多数人经过一个阶段的夫妻共处后性生活已调适和谐。

第二相对稳定的萧条期:45 至 55 岁。事业发展、子女教育、社会活动都影响着家庭,双方都希望维护一个和睦的家庭。

第三相对稳定的萧条期:60 岁以后。许多人已做了祖父母,在儿孙面前,表现出长辈尊严;部分人实行夫妻分床;个别人丧偶,性生活已明显节制甚至“自我淘汰”而禁欲;有的数月才有一次性生活。根据性生理学家的研究,随着年龄的增长,从睾丸和肾上腺分泌出的雄激素以及从卵巢排出的雌激素相应减少,但是,丘脑下部脑垂体仍然在促进激素分泌,使人保持正常的性交能力。据美国消费者协会对 4246 名 50 至 93 岁男女的调查证明,大部分老年人性生活的活跃可以持续到 70 岁或更高年龄。据统计,60 岁以上的妇女,有 3/4 以上仍和丈夫同房,平均每周性交一次;70 岁以上的妇女 3/5 在过正常性生活,平均 10 天或 11 天性交一次。说明健康越好的人性生活兴趣衰减越慢。

4. 测试题:测测你的性成熟程度

性的成熟不光是年龄的问题。有些人在性的方面比较成熟,对异性了如指掌,因而在与异性交往时往往比较得心应手。而另一些人在性方面却长期处于幼稚与朦胧之中,在求偶或与异性交往的活动中往往不能称心如意或屡告失败。

回答下列问题,女性回答 1～18 题;男性回答 19～36 题。由于两个部分都包含几乎相同的问题,因此伴侣之间可以相互比较自己性成熟的程度。

(1)你认为男人最理想的优点是什么?

A、宽裕的银行存款。

B、健壮的体格。

C、发挥其最大潜力的雄心。

(2)如果你感觉你有性方面的问题,将怎么办?

A、写信向你喜欢的妇女杂志求教。

B、向最好的朋友倾诉。

C、直接告诉你的伴侣。

(3)你认为给男人印象最深的是什么?

A、高耸的乳房。

B、持家有道。

C、智商高,富幽默感。

(4)最能使男人迷上你的是什么?

A、能做美味可口的饭菜。

B、穿三点式。

C、深知自身的特点,并懂得如何运用。

(5)假如有男人向你献殷勤,你会如何反应?

A、打发他离开,说自己会照顾好自己。

B、不知所措地笑。

C、享受作为女人的自豪。

(6)如你的伴侣与别的女人搭讪倾谈,你会如何反应?

A、告诉她们他带了假牙和假发。

B、给他难堪,然后回家。

C、放心由他去,毕竟他爱的还是你。

(7)你是否常赞赏你伴侣的外貌?

A、从来不,他已够自信的了。

B、仅仅作为回报,只有当他赞赏了你时。

C、常以赞赏的态度对待他打扮自己的方式。

(8)当你的伴侣性冷漠时,你怎么办?

A、告诉他,你认为他真无用。

B、夸耀一个男电视明星,使他嫉妒。

C、使用你的技巧，使他在精神和肉体上感到松弛，直至不能抗拒。

(9)你喜欢年龄大的男人吗？

A、喜欢，尤其是特别有钱的。

B、如果没有年轻些的话。

C、重要的不是年龄，而是人本身。

(10)在什么情况下你最有可能对爱人说谎？

A、如果他对你说谎的话。

B、如果肯定他发现不了的话。

C、如果你刚与一个你极向往的男人在一起的话。

(11)如果你皮肤不美，怎么办？

A、你不在乎。既然他爱你，他就得接受上帝造就的你。

B、夏季防护皮肤。

C、小心地保持皮肤的光滑与健美。

(12)你所爱的男人想与你过一段试验性的婚姻生活，你怎么办？

A、明白地拒绝。

B、同意，但感到委屈。

C、做好分手的准备，你也不能肯定与他是否长期合得来。

(13)如果你不慎与你所爱的男人怀孕，你会：

A、要求他立即与你结婚。

B、继续怀孕，并对此感到自豪与幸福。

C、做人工流产，直至恰当时再结婚。

(14)在何种情况下你为丈夫做他最喜欢的菜？

A、你对他有所求时。

B、你要向他坦白某件事时。

C、你想特别使他高兴时。

(15)你认为爱情与性关系是直接相连的吗?

A、我宁愿只有单纯的爱情。

B、只有爱情发展到一定程度时,才有性关系。

C、如果你爱他,你觉得这两者难以区分。

(16)如果你已过了几年的婚姻生活,对性生活你会采取何种态度?

A、再也不在性生活上费脑筋。

B、如果他想的话,由他决定方式。

C、你将尽量保持性生活的愉快与丰富。

(17)如果一个陌生人在公共汽车上摸弄你,你会:

A、叫警察。

B、假装没注意。

C、指出他的行为是不道德的,如果他不能自制,告诉他应找有关医生看看。

(18)如果你爱人很快达到性高潮,而你没有满足,你怎么办?

A、下次不再理睬他。

B、寻求治疗,学习“挤捏法”。

C、使他很快又冲动起来,使你得到满足。

(19)你认为女人最理想的优点是什么?

A、贞操。

B、性欲强。

C、大方。

(20)如果你有性方面的问题,你将首先与谁谈论此事?

A、好朋友。

B、询问医生。

C、你的爱人。

(21)你认为能给女人最深印象的是什么?

A、英勇。

B、性方面的技巧。

C、体贴入微。

(22)最能使女人迷上你的是什么?

A、关上灯后抚摸她。

B、亲吻她,动情地轻声呼唤她的名字。

C、放弃嬉戏,注意她的情感。

(23)你认为当代女人的特点是什么?

A、女人还是喜欢男人在性方面粗俗地对待她。

B、今天的女人在所有方面都要求平等。

C、女人仍喜欢男人把自己作为贵妇人对待。

(24)如果你的伴侣花很多时间与别的男人在一起,你会如何反应?

A、禁止她再与他们接触。

B、尽可能地跟着她。

C、因她普遍受人喜欢,但她最爱的是你而感到高兴和受宠。

(25)你常赞赏爱人的外貌吗?

A、极少正眼看她。

B、当你特别喜欢或不喜欢她某一点时。

C、你常找到她的优点并加以赞赏。

(26)当你有性欲而她表示冷漠时,你怎样做?

A、发脾气,指责她的冷漠。

B、走开去看色情书刊。

C、耐心而温柔地爱抚她。

(27)你对年龄较大的女人持何态度?

A、在性方面不与她们发生任何关系。

B、她们在性方面仅次于年轻姑娘。

C、她们由于有丰富的生活经验,因而有许多可取之处。

(28)如果你瞒着妻子的事被发现,你将怎么做?

A、找出她的一个过错,为你的过错开脱。

B、避免提及此事,以防伤害感情。

C、使她相信你对那件事根本没在意。

(29)你对个人卫生有何特别的注意?

A、你认为女人喜欢自然的、男子的气味。

B、在约会前你都洗脸并喷上香水。

C、在约会或做爱前都洗澡。

(30)你爱的女人认为婚姻是过时的东西,你会怎样?

A、认为她缺乏道德并不能容忍她的这种观点。

B、不结婚但与她共度时光。

C、高兴地与她自由同居。

(31)你对避孕持何态度?

A、男人不会怀孕,这是女人的事。

B、你为保护自己每次都戴避孕套。

C、在谈好双方的共同责任以前,不与她同居。

(32)你何时送花给伴侣?

A、在你觉得有事对不起她并想和好时。

B、在生日或节假日。

C、当你想特别使她高兴时。

(33)你愿带一个成熟的女人看以下哪一种电影?

A、喜剧片。

B、惊险片。

C、爱情片。

(34)如果你爱人因病或其他原因丧失了进行正常性生活的能力,你怎么办?

A、对她表示同情,但尽早离开她。

B、感觉受了骗并为自己感到不幸。

C、寻找相互满足的新的方式。

(35)如果一个未成年的女孩对你提出性要求,你怎么办?

A、答应她,但完事后迅速离开她。

B、告诉她父母,并建议多加教育。

C、友善地告诉她你为什么不答应她。

(36)刚做完爱后你做什么?

A、抽支烟。

B、很快入睡。

C、继续抚爱你的伴侣。

答案与评语:

男性和女性回答的部分分别计分,C:2 分,B:1 分,A:0 分,将每题分数相加。

30~36 分,你是一个对异性了如指掌、非常成熟的人,你在爱情生活方面不需要什么指教,只要你愿意,你周围不会缺乏爱你的异性。

20~29 分,你在爱情及对异性的把握上有相当的能力,但如果你想在这方面继续取得进展,你的情感方式的某些方面还需加以改进。通过回答本测验中的问题,你能够找到自己的弱点。

10~19 分,你在与异性交往方面不是太年轻就是相当天真,大多数人会把你看作爱情方面尚未成熟,不能令人满意的情人。虽然也许有少数人会喜欢你那幼稚的恋爱方式。

0~9 分,你的态度明显表明你在性方面还处在朦胧与萌芽状态,没有一个头脑清醒的人会与你再次约会,且不会考虑与你共度终生。如果你做这个测验时不是开玩笑,你应该向有关方面寻求指导和帮助。

4

民主是家庭幸福的保障

家庭由每个成员组成，一个自由民主的家庭会认真听取每个人的意见和建议，尊重每个人的想法。

——题记

○独裁是家庭不和的"凶手"

家庭中,每个成员都有权利和责任对家庭中的事情发表自己的意见。特别是关系着家庭及其每个成员利益的重要决策,如买房、换工作、儿女留学等等,必须听取每一个人的意见而不应一个人独断专行。

1. 避免独裁,倡导民主

"独裁",顾名思义就是不听取任何人意见的独自裁决。这种情形在传统家庭中是司空见惯的事情,传统社会的家长制难免不使独裁横行。然而在现代家庭中,难道独裁就灭迹了吗?当然不是。现代家庭中的独裁已与传统家庭中的独裁大相径庭了。主要表现在家庭中缺乏对话协商机制,家中的重大问题不经协商而一个人或父母或妻子或丈夫或儿女擅自决定。

比如,有的丈夫不顾家庭的经济状况,私自决定贷款购车,造成家庭经济拮据;有的父母,不认真听取孩子意见,便决定要孩子出国学习,有的在孩子填报高考志愿时,强迫孩子必须报考某校某专业,结果事与愿违,给孩子心理上造成极大的伤害;还有的丈夫或妻子,在家庭投资的重大决策上,不经协商,便把家中有限的资金全部投入高风险的股票市场,结果亏损累累。而由此造成的家庭矛盾激化,暴力或离婚事件在近几年大为突出。

因此,家庭中一定要避免独裁,重大问题相互协商,让家庭成员充分发表自己的意见,集思广益,最终做出令人满意的决策。

从发展的观点看,家庭民主将成为现代家庭发展的必然趋势。家庭民主是家庭幸福的重要基础。家犹如国,同样存在着经济、文化、交往等事务。要想把家庭事务事事处理得合情、合理、合法,集思广益是捷径。要集思广益就必须让每一个家庭成员发表自己的意见,这就是家庭民主。不仅如此,家庭民主还是夫妻恩爱的重要前提。在家庭建设中,家庭民主以爱的甘霖滋润着家庭成员之间的矛盾,又以爱的绿荫包容着每一个家庭成员的过失和缺点,它以发达的根须吸纳着每一个家庭成员的合理建议和意见,从而让家庭充满了和谐融洽的健康气氛,这是社会应该倡导的家庭文明。

家庭是完全没有阶级的小社会,每个家庭成员都是小社会不可或缺的一分子,每个人都有发表评论的权利,也有解决问题的责任和义务,尤其是关系到每个人自身利益的时候。请听一个来自高度民主的家庭王某的体会。他说:“前几年,我向父母提出买一台电脑,父亲首先同意了我的提议,妈妈虽然说我买电脑的主要意图是玩游戏,但经我一一列举电脑的好处和用途之后,妈妈也同意了。虽然已经得到同意,但接下来还有更多的问题,应该买品牌机还是攒机;买品牌机的话要买哪个品牌,而攒机的话应该找谁攒、去哪儿攒;需要哪些配置,打印机、扫描仪、摄像头有没有必要都配齐;还有买哪种电脑桌,电脑买回来应该放在哪屋等等。这些问题都需要我们来一起讨论。我们用了一天的时间仔细地讨论和决定以上事宜,用半天的时间来购买,最后大家都很满意所买的电脑。

这就说明我们的决策很成功,最重要的是我们尊重和重视每个家庭成员的想法,所以结果是令人满意的。”

2. 寻求决策平衡的事例

相互依赖、相互慰藉,是人们追求婚姻本质的心理需求之一。无论男性还是女性,都有一种向异性寻找安慰的本能欲望。家庭中有时伴侣与自己的个性爱好是南辕北辙的,怎么才能将这些差异转变为促进感情的润滑剂呢?请看刘先生的做法。

刘先生说:“大约在婚后一年,我首次因彼此的差异而面临挑战。当时我想买一台大屏幕电视,我一向喜欢高科技和家用机械产品。而妻子则不赞成我的提议,她不喜欢每天在起居室里看见这样一个庞然大物，这对我真是一个难题，我开始觉得为了使她快乐，必须放弃一些使我快乐的事物。这时我才开始想到如何用“你赢，我也赢”的方式，解决彼此因差异所造成的问题。

我告诉她，我真的很想要一台较大的电视。我已经等了很久，到现在才觉得买得起它，不过我也真的希望你拥有一个舒适的家。你觉得我们应该怎么办？妻子回答说：‘如果能把大电视放在一个柜子里，而且前面可以关起来的话，我不反对你买。当你不看电视的时候，我就可以把它关起来，不必一直看着它了。’我立刻说很好，于是我们一起去买柜子，我想这件事应该是很容易解决的，可是我立刻发现两人在家具方面的品味相差甚远。我挑选的柜子都是高科技产品，可以放置我所要的电视设备；她想要的柜子有玻璃架和灯，可以摆设一些瓷器和水晶饰品，但是却装不下我要买的电视。

我们花了好几周的时间，仍找不到合适我们的柜子。这段期间，我觉得情绪随时都要爆发，但仍尽可能控制住自己的挫折感。这是段很难熬的时间，我觉得她太固执了，心里对她颇多微辞。在情绪最坏的时候，我甚至会想，我要离婚！

我们在相互憎恨的边缘进行拉锯战。接下来某一天，我们终于找到一个彼此都满意的柜子，这真是个奇迹！柜子送来的那一刻我们都非常满意。这个皆大欢喜的结局，比起我一个人独自做决定要好多了，不是吗？虽然刚开始我并不很喜欢摆饰架，但现在却非常欣赏。而妻子也很爱看 34 英寸电视了。我们比以往更亲密了，彼此的信任度也提高了。”

刘先生的个人经验具有很强的参照作用。这对夫妻从一开始发现问题到分析问题到最后解决问题，一直保持着两个人共同解决的原则，是他们达到平衡的关键，如果能够做到站在对方立场上来考虑问题，任何困难都是可以解决的。

3．决策平衡的方法和步骤

(1)决策的方法。虽然有时夫妻对家庭决策最初的选择会不同，但通过努力，可以用以下方法达到平衡：

第一，提出新的方案要和家庭成员的愿望保持一致。与家庭成员想法相差太明显的方案，一定会遭到反对。相反，应该和家庭成员想法相近，照顾大家的愿望，这样才能得到满意的效果。

第二，细微地调整方案的内容。如果觉得别人提出的方案可以采纳，可以取其中的优点进行综合，这样得出的结果会比较令人满意。

第三，学习他人对问题的看法。对别人提出的方案要认真考虑和借鉴，不能总坚持自己的方案，学会取人之长就是学会了思考。不过有时候需要时间和精力，但为了得到令人满意的结果，仍然值得去做。

(2)决策的五个步骤：

第一步，设立目标。只有明确了目标，决策才有意义。

第二步，定义问题。这是决策过程中的难点。如果问题定义不准确，其后的工作毫无意义。

第三步，确定方案。决策意味着选择。必须围绕问题形成两个以上的合理方案。

第四步，选择方案。在考虑各种制约因素的情况下，对每个方案进行评估，选择其中最优方案。

第五步，方案实施。决策只有实施才能取得效果。

以上步骤，缺一不可。如果只完成前四个而不具体贯彻的话，就是纸上谈兵，不是一个完整优秀的决策。

也有专家总结出七个步骤，依顺序分别是：明确问题；围绕问题组织相关人员进行讨论和交流；设想解决问题的可能做法；在设想做法中进行选择，挑出一种方法；依照挑选出的方法实施行动；对照所选方法监控和调整行动；评价被选方法和实施过程的效果。尽管完成这七个步骤也不一定能找到最有效的解决办法，但是只要沿着这些步骤不断进行讨论、思考、尝试、评价和调整，终会取得不同程度的成效，部分或完全解决各个具体问题。

根据一个家庭依次完成上述七个步骤的情况，可以评价该家庭解决问题能力的高低。解决问题能力高的家庭能很顺利地完成这七个步骤。而能力较低的家庭则常常缺少其中一个或多个步骤。最差的情况是连问题是什么、家庭需要什么都不清楚。

4. 夫妻关系类型与决策

不同的夫妻关系类型就会造成不同的决策。心理学家雷维奇利用“雷维奇人际关系测量游戏”的方法，对1000对夫妻进行追踪研究后，把夫妻关系分为8种类型，其中基本类型有3种，即竞争型、合作型与主从型。

竞争型关系。这是一种不安宁、紧张且又使人精疲力竭的关系。夫妻之间互不相让，争强好胜，总想压倒对方。对于家庭决策，也经常是争来争去，很难达到统一。当双方都精疲力竭、忍无可忍时，最后不得不结束婚姻。

合作型关系。这是普遍为人们看好的一种理想的夫妻关系。夫妻二人有共同的目标，为了达到既定目标，彼此也能配合默契，互相忍耐，甚至在双方发生分歧时，还能够相互谦让。但这只是两个独立的个体在互相谦让和忍耐，时间长了，合作型夫妻会感到单调乏味，容易产生厌烦情绪。

主从型关系。夫妻一方处于领导和支配地位，另一方处在认同和服从地位，家庭决策几乎不需要商量，更不可能发生争执。夫妻二人，浑然一体，这是最理想的夫妻关系。但是，这种“主从”型关系并不是一方永远支配另一方，而是各自发挥自己的特长，产生行为互补。当然，夫妻双方的位置和地位也可以互换。支配的一方不妨认为支配是自己义不容辞的责任，服从的一方不妨认为服从是自己应尽的义务。这种如胶似漆的结合是不会轻易离婚的。

夫妻竞争，既难同心，也难同德；夫妻合作，可能同德，但不完全同心。只有夫妻主从，才能既同心又同德。这种观念可能与人们的认识不完全相同，但不妨一试，看效果如何。

○创造“双赢”的夫妻沟通

处理好家庭琐事,最大的智慧在于运用沟通的技巧。

1. 夫妻沟通的技巧

(1)基本要素。许多人非常擅长处理社交场合的人际关系,惟独面对配偶时却觉技穷。主要原因在于面对外人时,能保持谨慎敏感的态度,在言谈举止间处处流露尊重与了解,但是面对家人时就随便起来了。夫妻沟通中的基本要素——尊重、了解及敏感的态度,常被夫妻所忽略。

——尊重。尊重是指重视配偶的价值,接纳配偶的独特性,并且能用行动表达对配偶的重视与接纳。一般人惯于把配偶当作自己的一部分,未能分清两人是独立的个体。所以当配偶的意见和行为不符合自己的意思时便会生气,甚至强迫配偶屈服。失去对配偶的尊重便无法实现沟通。

——了解。了解配偶的生活习惯、性格特点、爱好情趣。夫妻双方来自不同的家庭,自然拥有许多差异之处,只有相互了解,才能在沟通中更好地使双方的思想、行为趋同。

——敏感。敏感地去觉察配偶内心状态——情绪、感受、期待、想法、渴望,不要只停留在外在所观察到的行为层面。这是心灵沟通的开始。

(2)说什么。

——说得多不如说得好。夫妻双方必须学习过滤说话的内容,对两人的关系有伤害性的内容就不要说。夫妻相处久了,对于配偶的好恶应该有一定程度的了解,某些话题是对方的禁忌,就别再去触碰这个伤口。如果丈夫的学历不高,对有关学历的谈话比较敏感,做妻子的就不要以此为话题,避免伤害丈夫的自尊。

——完全坦露不如有所保留。常见的婚姻迷途之一是:夫妻必须绝对地坦白,不可隐藏秘密。说话毫无保留、完全的诚实,结果却使得对方产生负向的情绪,负向情绪累积多了,将腐蚀婚姻关系。例如:妻子说:“我今天遇到你以前交往过的陈小姐,她还是那么迷人。”丈夫说:“她本来就很迷人,像她这样的女性不多,我想很多男人都会喜欢她。”这位丈夫很诚实地把他的想法和感受说出来,恐怕会让妻子怀疑他仍旧怀念着以前的情人,将使两人的关系蒙上阴影。

(3)何时说。一般人只顾自己的情绪,非得一吐为快,却忽略了听者是否听得进去自己所说的话。当一个人烦闷疲惫的时候,将不再有余力去倾听和关注配偶的诉说,反过来也会使说话者因不受重视而心生挫折。所以,选择对方心平气和的时机,沟通才能产生良好的效果。

(4)如何说。

——接纳。不论你听到什么,不管对方的表达内容观点是对或错,先别急着辩驳或去指正对方,试着去承认对方的感受。认可对方的感受并非代表同意对方的观点,只是表示你能够体会他的个人经验。

——澄清。学会给对方回馈,将你所听到的告诉他“你的意思是……”、“你是说……吗?”,可避免因接收讯息错误而产生不必要的误会。

——运用“我”讯息。一般人常喜欢用“你”的讯息,“你不准这样……”、“你难道不能……”、“你以为家里只有你一个人吗?”这样容易让对方感受到威胁,进而引起反抗的心理,引发两人冲突。适当运用“我”讯息,例如:“我很难过,因为我原本以为我们早就约定好今天要一起吃饭的。”比“你每次都说要忙公司的事情,到底是公事重要还是我重要”能让对方清楚地了解你的感受,而不是感到遭受批评。

——具体化。要尽可能把自己的感受与期待清晰明确地表达。简单、具体、明确能让对方抓到你想表达的重点。每个人的内心想法,并不容易让别人了解,除非自己愿意表达出来。告诉配偶你内在的感受、观点、期待、渴望与需求,能让配偶了解你内心状态。

——别陷入是非之争。沟通的目的在于借讯息的交换以解决问题,增进了解或促进关系。如果将注意力放在争执谁是谁非上,变成意气之争,则容易造成彼此的伤害。

——欣赏与鼓励、包容与谅解。增进两人爱情的存款,随时为两人的情感亲密度加温,可为夫妻之间的沟通打下深厚的基础。夫妻沟通时,听听彼此内心的期待与渴望,试着了解对方的感受,告诉对方你听到了什么,避免彼此产生不必要的误解。

——表里一致的沟通。有的配偶表面上回答:没关系、都可以、看你想怎么做,实际上内心却有其他想法并未表达。

——多用正向的语意。例如:"记得把用过的杯子拿到厨房放好",比"每次喝完开水,杯子总是乱放"这样的语意好。

不可用威胁、羞辱等伤害性与批评性的语词。否则,对方会产生强烈的防卫心理,可能勾起对方负向情绪,这样只会让双方陷入情绪化的互动中,自然也就失去沟通的目的。

2. 沟通的敌人——争论

如果沟通是改善关系中最重要的因素,那么争论也可以说是关系中最具破坏性的因素。男女之间争论,不仅伤害彼此的感觉,也伤害彼此的关系。

(1)生活中争论。请看一个真实的生活案例:

刘芳喜欢准时开饭,而丈夫李明则喜欢下班后陪5岁的儿子玩,只要孩子还想玩他就奉陪到底。所以常常是刘芳千呼万唤,在菜都快凉的时候父子俩才上桌吃饭,这时刘芳已经饿了。她经常抱怨丈夫既不能帮自己做饭,又没有时间观念,只知道玩。而丈夫却认为妻子缺乏耐心，并辩解道："一天只有晚上几个小时可以陪孩子玩，把孩子独自放在一边去做饭我不放心，孩子会觉得缺乏父爱的，这可不是小事，严重的话会影响孩子的性格发展的，而且饭你一个人也可以做啊。"就这样问题出现了，现在有两个方案：

刘芳建议：固定吃饭时间，在开饭前5分钟停止和孩子玩耍，准时吃饭。

李明建议：不需要固定吃饭时间，在和孩子玩完之后再吃饭。

下面是两种发展结果，看看哪一个更好？

结果一：夫妻俩交流中，妻子发现丈夫是爱子心切而不忍心停止和孩子玩，丈夫也知道妻子是为他们父子俩的身体着想，希望他们每天固定时间吃饭，不要吃凉饭。最后夫妻俩各自让步，不固定吃饭时间，妻子做完饭后就停止和孩子玩耍，全家一起进餐，并尽量帮妻子做饭。

结果二：夫妻俩各持己见。刘芳决定吃饭时间限制在6点至6点半，不吃就收拾进冰箱，想吃自己热。丈夫则不同意时间限制，但由于不愿让步，只好这样。夫妻俩根本没有讨论这个问题，刘芳只是在继续抱怨，丈夫只好讨好她："用不用我帮忙？"刘芳生气地回答："不用！不想帮就别帮！"丈夫也没好气："我不吃行了吧。"妻子也不示弱："爱吃不吃。"结果问题没有解决还越闹越僵。

显而易见，以上两个发展结果第一个是最佳的，成功地做到了双赢。第二个则是最糟糕的了，是我们最不愿意看到的。

(2)对待争论的四种态度。夫妻认识不同及意见不合并不会伤人，理性上，争论不一定是有害的，它可以是传达不同认识与意见不合的对话。但实际上，大多数夫妻在争论一件事后，不到五分钟，又会以同样的方式为另一件事争论。他们在不知不觉间伤害彼此，一个原本无害的争论渐渐升高为战斗，那个时候他们拒绝接受或了解配偶的意见。

怎样才能在争论中避免伤害自己的自尊呢？有四个态度，即：

吵架、逃避、假装、隐藏。每个态度只能短暂获益，如长期使用必会有反效果。

——吵架。这个态度发源于男人。当对话变成没有爱心、没有支持时，有些人就开始吵架，他们立刻展开攻击态度，这些人的座右铭是“最强的攻击就是最好的防御”。他们以责骂、判断、批评使配偶以为犯了错，他们倾向于以咆哮来表达气愤。他们的内在动机是想胁迫配偶爱他们、支持他们。当配偶让步时，他们以为自己赢了，事实上他们输了。胁迫永远会使两人之间的关系更缺乏信任。以让别人似乎犯错的方法强行获取所需，必然会使关系破裂。夫妻吵架会使他们逐渐失去开放的能力，女人封闭以保护自己，男人则冷漠且停止关怀，彼此之间逐渐失去最初的亲密。

——逃避。这个态度也是发源于男人。男人为了避免对抗，可能会退回他们的洞穴，永远不出来。这好像是冷战，他们拒绝谈话，没有一件事得到解决，这个主动的侵略行为和略作休息后再回来以爱心交谈、解决问题的方式截然不同。有些夫妻宁可不再谈意见不合的事，也不愿意发生争论。他们获取所需的方式是以抑制爱来处罚配偶，他们不像吵架那样直接伤害对方，而是以慢慢剥夺他们应得的爱来间接伤害对方，抑制爱必然会使配偶对他们付出得更少。短期是平静的，但事情没有讲开，感觉没说出来，气愤必然会继续衍生。从长远来看，他们会失去使他们当初结合在一起的热情与爱情。他们通常会以过度工作、饮食或其他沉溺行为来麻醉未解决的痛苦感觉。

——假装。这个态度则根源于女人。为了避免对抗可能造成的伤害，就假装什么问题也没有发生。她脸上挂着笑，似乎每件事她都同意，看起来也很快乐。一段时间之后，这个女人会越来越气愤，她总是对配偶付出，却没有得到回报。气愤的情绪阻碍了爱的表达。她们害怕公开感觉，所以试图使每件事看起来都“很好”。为了避免关系动摇，女人会愚弄自己相信每件事都很好，但事实却不然。为了避免可能发生的冲突，她会牺牲或克制自己的需要与感觉。

——隐藏。这个态度也发源于女人。女人宁可付出，也不愿争论。她们愿意受责骂，并对配偶的难过负责。短期看来，她们创造一个非常具有爱与支持的关系，但最后却失去了自己。有个男人曾抱怨他的太太说："我很爱她，她给我所有我想要的。我惟一的抱怨是她不快乐。"他的太太为了丈夫克制了自己20年，他们从不吵架，如果你问她有关他们的关系，她会说："我们关系很好，我丈夫很可爱。我们惟一的问题是我，我不知道为什么总是觉得沮丧。"事实上，她沮丧是因为她克制自己，让自己当了20年的顺民。这些人能察知配偶的要求，然后把自己塑造成取悦配偶的模子，最后，她们气自己因爱而放弃了自己。她们不计代价避免拒绝，想因此得到爱，但是在这个过程里，她们真正放弃的却是她们的本来面目。

你可能会发现自己具有这四种态度的其中之一。通常人们会从一种态度转换成另一种态度，每一种态度都是为了保护自己免于受伤害，不幸的是，这一点效果也没有。惟一有效的是以了解和尊重异性的态度对待彼此间的问题，避免争论和吵架。

3. 双赢的法宝——支持与鼓励

"双赢"思维的思考方式，就是在家庭互动力中发挥双赢精神，无论与哪一位家人相处，若总是追求对方的最大利益，创造双赢局面极易成为现实。

有些男性能全力支持他所爱的女性。他们能在女性通往成功之路上，提供自己的意见，给她以鼓励。这类男性是妻子心中的啦啦队。他们会说："去做吧！你做得到的。不去冒些风险，就活不出生命的光彩来。"如果在你的生活中有这样的一位男性，冒险的痛苦与挣扎一定会因他的支持而大为减少。当别人问到律师唐女士为什么离职自立门户时，唐女士说："我想是因为我先生的关系。

他说：‘你为什么只是光说不练？为什么不坐下来，想想自己要的是什么？’他让我全心思考，需要哪些条件才能冒险，然后我们一起决定，冒险正是我们想达到的目标。”

一个著名作家一再提到支持和鼓励对建立良好夫妻关系的重要，他说：我家里面的执行副总裁——小红是我个人专属的啦啦队长，也是我人生中最伟大的鼓励者。诚如我早就提过的，在我们结婚第27周年的时候，我甚至都还没有办法给我妻子一个有保障的财务状况，这当然不是说我们在结婚27周年的时候破产了，而是说在这么多年之间，我们的财务状况还很不稳定。事实上，我一直都是个“不着边际的人”。在那些年里，我从来不曾听见小红说到“假如我们可以稍微多一点点钱的话，那我们就可以去做什么事了”。相反的，她总是这样鼓励我：“亲爱的，你已经尽力了，我相信明天一切都会更好的。”在这个世界上已经没有任何语言可以表达这件事对我的重要性有多大，这么多年来，我专属的啦啦队长每天都让我精神愉快地外出奋斗，而每天晚上她也都会为我祈祷。各位男士们，我也没有办法告诉你们，当你们成为妻子的啦啦队长、祈祷伙伴以及鼓励者的时候，你们可以带给彼此多大的喜悦。当她真正地了解到她对你有多么重要以及你有多需要她的时候，那么就可以建立起一段非常幸福而且稳定的婚姻生活了。

当1894年霍桑被迫从海关离职之后，他非常沮丧地回到家里。他的妻子已经听到他离职的消息了，所以她特意为霍桑准备好纸和笔并放在他的书桌上，她先为丈夫打开灯，然后走过去紧紧地拥抱住丈夫的肩膀说道：“现在你正好可以开始专心地写你的小说了。”霍桑便按照妻子的安排开始写小说，其结果便成就了他的作家梦，他写出了一本极为出名的小说——《红字》。

赫兹柏格记录了马丁·路德生命中最为黯淡沮丧的时刻的一件事：在极端沮丧的情况下，马丁·路德拒绝进食或喝水，也不肯跟他焦虑不安的妻子、孩子或朋友说话。当路德感到最晦暗的时候，他的妻子凯陆琳穿上寡妇的衣服，行为举止就像是在丧礼里最深沉悲痛的未亡人。让人十分惊讶的是路德开口说话了，“你为什么要这么悲伤呢?”他的妻子凯陆琳回答着：“亲爱的医师，我流下最深沉悲痛的眼泪，是因为上帝已经在它的天堂里面过世了。”

这般缓和的谴责像是一棍子打醒了路德，他大笑地亲吻着他的妻子，原本一直沉滞在他心中的沮丧与哀伤全都一扫而空了。由于他妻子聪慧的鼓励，他又开始愉快地生活下去。这使他们的婚姻关系更加坚强稳固，而且也成为他们深爱对方强有力的证据。

每个人都需要被鼓励，不管所处的领域是运动场、商界或是日常生活中，而鼓励的方式通常在输赢之间会有所不同。举例来说，当运动员到他们自己的家乡比赛时，将会对他们造成相当大的优势，因为他们很清楚地知道他们占尽了天时地利人和，教练跟选手知道他们的亲友都会为他们加油，他们美丽的啦啦队会在他们表现良好或是需要鼓励一下的时候，毫不吝惜地做出精彩的表演为他们打气。在婚姻生活中，也绝对需要这样去做。不管处于何种处境，都应该陪伴在伴侣的身边，做一个成功的啦啦队长，给伴侣一些爱的鼓励。

成功的事业和美满的婚姻不一定会同时实现。有些男性会妒忌成功的女性，偏好没有安全感、比较缺乏信心的女性。只有非常成熟的男性，才能接受成功的女性作他的伴侣。这种男性本身就非常有安全感。要是事业成功，则更容易与成功女性长相厮守。一般来说，成功的女冒险家能很自然地躲开无能男性的纠缠。冒险精神是一种很强烈的人格特质，无能的人见了它一定会避之惟恐不及。一位女冒险家说：“与缺乏决断力的男性共事十分困难。我瞧不起无能的人。”

有些女性很难找到既有能力、又接受她们的男性为偶，“有的男性不希望太太比他成功。妻子非常有成就，往往会令这类男人不知所措”，一位电视女制作人说，“我很难找到能齐头并进，而不觉得正在和我竞争的伴侣。”当然，女性也要学会泰然接受自己的成功。一位女性承认，先生陪她出席商界宴会的时候，她觉得“有罪恶感”，因为每个人都认识她，却没有人知道她先生是何许人。

也有些男性可以享受太太的成就。有位女士是一家大企业的资深主管，只要会议允许眷属随行，她先生一定会习以为常地陪她参加。太太开会时，他就和其他主管的太太们一起活动。这位男性很容易相处，女士们也期待和他一起欣赏欣赏服装表演或是参加特别为太太们安排的观光活动。他的太太不但能干，而且漂亮。若没有这位吸引人的先生出席，其他的主管太太们可能会怀疑，他们的先生会被这位女主管吸引。这一对“天作之合”配合得当，丈夫反而成了妻子最好的亲善大使。

4. 分居两地夫妻的沟通技巧

一般说来，夫妻分居两地大多是出于国家、单位工作的需要，或为了追求个人的事业。这种暂时的分离是为了大局利益，为了长远目标，是一种奉献行为，对此应有正确的认识。退一步说，有时为了国家利益，同时也包含着小家庭长远利益的获得。比如，妻子出国深造进修，夫妻暂时分离可能给家庭带来一些困难，但从长远利益看，对家庭是有益的。如果这样看待问题，不但不会烦恼，不会抱怨，反而感到自豪，心情也会愉快开朗起来。

充分的信任和负责精神，是维系两地夫妻的感情之舟。

在分离期间，夫妻双方都要由衷地给对方以充分的信任。在这里，信任既是挚爱情深的表现，又是敦促对方保持自爱自重的内在动力。信任的表现之一就是允许对方参加正常的社交活动，不过多约束和干涉其言行，更不多疑。比如，有的人性格开朗，喜欢跳舞、唱歌，少不了要进舞场，在异地的亲人就应给予充分的信任和理解。如果过分地计较、怀疑，失去起码的信任，势必适得其反，伤害对方的感情，助长离心倾向。有个青年很爱自己美貌的妻子，但他“小肚鸡肠”，疑心太重，自己外出打工时，生怕妻子行为出轨，便叫哥儿们暗中监视。当得知她进过舞厅时，十分生气，回来后兴师问罪，大打出手。结果，夫妻之间在心理、感情上的隔阂日渐加深，家庭悲剧由于彼此缺乏信任而酿成。

夫妻双方还应以对家庭负责、为对方负责的精神，自觉地约束、规范自己的行为，特别要把握好与异性交往的分寸。通常夫妻不在一地时的人际交往是一个十分敏感的问题，搞不好就会造成误会，影响夫妻感情，因此，在为人处事上要格外谨慎。比如，有一位少妇，新婚不久，丈夫就到外地工作去了，一去一年多。因为她生得美貌动人，不少小伙子来献殷勤，有的不怀好意地纠缠她。为了防止意外，避免是非，她毅然搬到集体宿舍和姐妹们一起住，直到丈夫回来。丈夫对此很是感动，自然更加深了对妻子的爱恋。

两地夫妻还应适应新的生活方式，运用多种传媒向对方传递思想感情的信息，实现心灵的沟通。

——写好两地书。借书信传情是最常见的沟通方式。应该把书信当成向对方倾述爱恋之情的纽带，拿出谈恋爱写情书的劲头，多一些表达感情的因素，多一些能勾起美好回忆的内容，多一些柔情蜜意的语言趣味，以增进彼此间的怀念和眷恋之情。

——打电话，寄录音、录像带。现代通讯手段使地球变小了，千里之遥犹如近在眼前。当听到对方的声音，看到对方的形象时，自然更能有效地实现感情的沟通。

——寄物托情。为了表达对远方亲人的思念，还可以寄一些物品，以物托情，增进爱意。

——点歌助兴。现在的广播电视传媒十分发达，且形式多样，异地夫妻之间也可以利用。

分居两地的夫妻见面时间有限，一旦团聚，就要格外珍惜这段时光。双方都要努力表现自己对对方的爱恋，以补偿分离造成的缺憾，创造感情生活的高潮，为对方留下长久的难忘的记忆。

○家庭投资与风险防范

企业经常为了利益而投资,同样,家庭也需要投资。是投资就有风险,在进行家庭投资时一定要考虑到如何防范风险。

1. 投资理财避免风险最重要

随着社会经济的发展,家庭投资理财的渠道和方式越来越多,除了传统的银行储蓄之外,炒股、购置房地产、投保、集藏等都成为家庭投资的项目,可以说,如今家庭投资理财正呈前所未有的多样化发展的趋势。然而,由于每种投资方式和保值形态具有多重性,每个家庭的各自情况又有所不同,所以,各个家庭应根据自身的实际情况去选择合适的投资方式,才能有益于家庭资财的保值增值。

(1)投资理财“三三制”。把家庭闲钱集中起来,想办法使它保值、增值。以1/3进行储蓄,1/3用于投资股票,1/3购买债券。买股票,风险大,“股市有风险,投资须谨慎”。所以家中的储蓄不能全部用于买股票,以防万一全部积蓄被股市吃掉。买债券利息高,比银行储蓄收益大,但是一旦买了债券需要几年才能取出,家中有急事用钱不方便,所以家中1/3的积蓄用来买债券比较合适。一般的银行储蓄,取用方便,但利息较低,可备家庭急用。“三三制”是家庭积蓄保值、增值的好办法,科学地使用这一方法,既能帮助你管理好家庭经济,又能使你的积蓄保值、增值。

(2)股票的一般性知识。要想投资股票,首先对股票要有一定的了解。股票是股份制公司发给股东用于证明在其公司投资入股并据此取得股息收入的一种有价证券。它表示股东拥有公司的股份所有权,并代表相应的权利和义务,能够进行股权的转让。股票具有以下几个特点:

——投资具有风险。股票一经购买,就不能退还本金,股票持有人能否获得预期的经济利益，取决于股份公司的经营状况。公司赢利，可以获取分红股息；公司破产清偿时，股东的清偿权在公司债务清偿中排在最后的地位，当公司经营状况良好时，他们也就能获得较高的利益。

——具有决策权。持有股票的投资人，有权参加股东大会，选举董事会及成员，参与股份公司的经营管理和决策，决策权的大小取决于股东持有股份的多少。

——流动性大。尽管投资人购买股票后不能退股，但投资人可以随时脱手转让股票或者作为抵押品。上市公司的股票，可以在股票交易市场随时购买。

——价格浮动大。股票作为交易的对象，如商品一样，有自己的市场价格和浮动规律，它受许多因素的制约，并遵循价值规律处于不断的波动之中。

——责任有限制。若公司因经营管理不善或其他因素导致破产，公司全部财产不足清偿债权，股东的清偿责任权仅限于投资的范围。

(3)股票与债券的区别。债券是公司或政府向公众借债的凭证，它与股票的区别主要有以下方面：

——持券人与发行人的关系不同。股票持有人对股份公司的资产具有所有权，对公司的经营管理活动有参与权，而债券持有人仅仅是发行债券公司的债权人而已。

——风险程度不同。股票持有人能够分得多少红利，取决于公司的经营状况，而债券持有人则不同，无论公司经营状况是赢利或者亏损，支付债券利息后，才能核算公司的盈亏，向股票持有人分红。在公司破产清算时，也必须先清偿债券持有人的债券。因此，投资股票的风险在一定程度上比债券大得多。

——获利能力不同。股票与债券相比，具有更强的获利能力。例如：一张面值 1000 元的债券，年利息 5%，期限 5 年，期满后本息之和是1250元,持券人在期限之前卖出,卖价不会超过1250元,债券市场的价格上限是本、息之和。而股票的红利与股份公司的利息呈正比,在公司效益良好的时期,其股票的获利可能要比固定利息的债券高出几倍,购买1000元的股票,行情好时可能卖到几千元甚至更多。当然收益与风险是成正比的,收益高,风险就大。

(4)怎样选择投资价值高的股票。股票是一种特殊的金融商品,买到投资价值高的股票,收益大,风险小;若买到投资质量差的股票,其风险是很大的。投资股市,要通过细心观察,选择好股票,降低股市风险。股票的质量,主要取决于股份公司的经营状况。判断股份公司的经营状况,最好是对其财务报表进行分析。如:流动比率越高,还债能力越强;现金比率越高对债权人的保障程度越高;净值收益率高说明公司经营效益高,每股分得的股息越多;市盈率越低其股票的投资价值越大。若发现某公司的各项指标都在走下坡路,就不能长期持有这个公司的股票。有远见的投资者经过认真的选择后,认为某种股票的价格低于其价值或各项指标呈上升趋势时,积极购进,待价格上涨后抛出,获得较大的收益。

2. 家庭投资的原则

家庭投资者在选择投资方式时,应综合考虑多种因素,特别是重大投资决策,应遵循以下几个原则:

(1)量力而行。家庭投资理财首先要考虑自身的资金实力,选择何种投资方式,要从自己的经济实力出发。比如,你手里只有数千元或者数万元钱,那只能选择一些投资少、收益稳定的投资项目,如储蓄、国债等;而如果你手中有十万以上或数十万元钱,就可以考虑去购置房产,这样既可以居住,也可以用来实现保值、增值。

(2)把握经济规律。家庭在投资理财中,一定要善于把握经济发展的周期性规律,一般地说来,在经济升温时投资,各种商品的价格都有不同程度地上扬,银行存款的利率也会向上浮动;而当经济低迷时,通货紧缩,物价、汇价、房价和存贷款利率也会相应下降。因此,家庭投资理财要对未来物价的趋势和走向有一个比较正确的估计,投资才能见到效益。

(3)发挥自身的优势。家庭投资理财要根据家庭成员的实际情况,充分发挥自身的优势,切忌不考虑自身的职业性质和知识素质。譬如,你是一名公务人员,并且上班时间要求很严格,你就不宜投身于股市;相反,如你具有一定的股票知识,且信息较灵通,又有足够的业余时间,就可以跻身于股市;又比如,你对文物古玩、名人字画颇有研究,就可以将节余的钱用于集藏,要知道,集藏投资风险较小,获利也高。

(4)注意投资的保值性。由于地区经济发展水平的差异,各地价格的平均水平差别很大,这势必要求你注重研究投资的保值增值。一般来说,现代家庭所拥有的资产主要有两类:一类是金融资产,还有一类是实物。在金融资产中,除了国家采取保值措施的之外,都会因通货膨胀等因素而贬值,如你生活的地方属于物价上涨幅度较小的地区,就应选择保值性能好的国债或长期储蓄;如你生活的地方属于物价涨幅高于全国平均水平的地区,则应选择高风险高收益的投资项目,如此才能实现金融资产的保值增值;在实物投资中,文物古玩、名人字画、邮币票证、房地产等,有的也会因时间的不断推移而实现增值。

(5)计算机会成本。家庭在投资理财中,货币的时间价值同样是不可忽视的一个因素。所谓货币的时间价值是指货币在不同的时间里具有不同的价值,一般说来是随着时间的推移而逐渐升值的。因此,应尽可能减少资金的闲置,能今天存入银行的资金就不要等到明天,能当月购买的金融债券切莫拖至下月。充分考虑货币的时间价值和机会成本,力求实现货币时间价值的最大化。

(6)立足当前,注重长远。由于各个家庭的实际情况千差万别,在具体投资理财中,就应立足当前,注重长远。一般来说,投资能获取收益,但每个家庭不可能将自己的全部资产都用于投资。

假如你的家庭未来收入颇丰,足以维持今后的日常生活,那么目前用于投资的资金就可以相对多一点;反之,如果你的未来收入不太稳定,就应相对减少投资,以免影响今后的生活。此外,家庭成员的年龄结构也是决定工薪家庭投资方式的重要因素,如果家庭成员年龄较轻,就应考虑把重点放在智力投资上,用于读书深造、学习技术上,这可是一次投入,终身受益的投资。

例如:王先生夫妇年近不惑,都在政府机关工作,孩子正在读初二。全家每月工资 8000 元,收入很稳定,单位的福利保障也很好。王先生把节余的钱都存银行或买国债,并有一套两居室房屋出租,每月房租基本 4000 元。渐渐的家里的存款加上国债也攒到了 30 万,王先生想贷款买一套主要商圈附近的公寓出租,这样自己和爱人将来的养老问题也就解决了。并且为儿子四年后到英国读大学着手筹措留学费用。

据专家测算,王先生的家庭正处于家庭成长期,承受风险的能力属于中庸型。由于具有预期收入稳定,积蓄比较充裕的特点,因此可以承担一定的投资风险。可以通过社保收入加个人投资(包括基金、房产投资等)基本解决养老金问题。但由于存在孩子四年后的留学问题,所以要把投资安全性放在首位。

一般而言普通人投资房产,基于安全的考虑,家庭财务状况应符合如下条件:资产中至少 20% 为金融资产;月还贷额低于月节余额或低于月收入的 40%(考虑到目前房贷利率处于历史低谷,一旦上调月供压力将会加大,因此可以进一步将月供控制在月收入的 25% 以下);至少 3 至 6 个月的生活费和还贷额作为准备金。

随着中国经济的持续高速发展,虽然北京房价走势良好,但近期新房供应量偏大,会有更多现房上市,而近年来有支付能力的需要已经基本消化,因此,房价走势不太可能长期居高不下。当前像王先生这样的家庭不宜再投资房产。

理由是,王先生一家每年可攒下 8 万元,这笔钱可用来购买债券或债券型基金,也可直接换成英镑,一则存款利率较高,二则供孩子留学用,没有币值风险。加上目前的积蓄,可以基本支付孩子的留学费用。考虑到留学费用近年增长较快,如有缺口,可以住房抵押向银行贷款。

3. 年轻夫妻家庭理财六要诀

(1)定时存款是每月领到工资后要做的第一件事。再根据这个月的开支做一个大概的估计,将本月该开支的数目从工资中扣出。

(2)为避免盲目买东西,同时改掉乱花钱的不良习惯。应该为采购制定计划。每月对自己该采购的东西做一次认真的清点,如服装、日用品等,并用一个专用本子记上,然后到了解过行情的市场,按计划进行采购。

(3)注意养成勤俭节约的习惯,这是减少日常开支的一个重要环节。日常生活中很多费用是不必要浪费的,例如餐饮,到餐厅里去吃吃喝喝十分花钱,自己做则可以节省一笔费用。

(4)压缩人情消费的开支。现在的社会,人情消费的花样很多,但要掌握适当、适量、适度的原则。

(5)延缓损耗性开支。任何物品,只要勤于护理总可以延长寿命,提高其使用率。比如,对冰箱、洗衣机、电视机等大件家电以及自行车等加强护理,延长物品的使用寿命。

(6)掌握小型维修技术。对家用电器和机械物品的原理及维修知识要争取多懂一些,同时,要配备一套简易的维修工具,如钳子、螺丝刀、钉子等。这样,在日常生活中,电器、装饰品、木器等发生一些小故障和小毛病,就可以自己动手修理。

4. 理财风险及其防范

投资理财是一项具有风险的经济活动,其风险是指投资理财主体在运做过程中,由于外部环境的复杂性和变动性以及投资理财主体对环境的认知能力的有限性,而导致的失败或达不到预期的目标的可能性及其损失。投资理财既要关心资本收益率,也要重视面临的风险,最终要在资本收益率和风险程度之间达到某种程度的均衡。

由于任何人承受风险都有一定的限度,超过了限度,风险就会变成负担或压力,可能会对其情绪或心理造成伤害,特别是工薪阶层,收入水平不高,抗风险的能力十分有限,一旦风险变为现实,往往会造成难以承受的损失,甚至对家庭造成灾难性打击。所以,正确选择有效的投资理财方式,降低和防范风险大为重要。

防范与化解风险的具体方法:

(1)回避风险。对有风险但无风险报酬,或风险过大而风险报酬过小的风险采取回避的方法。通过事先采取措施避开风险,将损失或伤害的形成因素加以消除,使损害不致发生。回避风险有两种策略:一是在决策时发现某方案有高风险可否定该方案,如:不购买信用条件不好的企业债券;做好防火、防盗工作,妥善保管信用卡、存单密码;在借给他人款项时要充分考虑到对方的偿还能力和借款用途,对用于赌博、吃喝享乐、违规违法经营的不应借出;二是在实施理财方案中,发现不利情况时及时中止或调整方案以回避损失。

(2)控制风险。如果风险不可避免或不愿避免,可采取风险控制的方法。风险控制的内容就是将风险可能形成的损害限制在可以承受的范围内,这包括:

降低风险。缩小风险损失或伤害的程度、频率及范围,使其限于可以承受之内。降低风险按过程来说,有事先控制和全过程的控制,如:对投资金额、成交价格、成本费用设定界限,不得突破;对于合理的民间借款要签订书面协议,要素要齐全,一旦违约,及时催收,如发生纠纷,可以向法院提起诉讼;不轻易为他人提供担保或抵押。

分散风险。对于工薪家庭,一般可将收入的 1/3 用于消费,1/

3用于储蓄，还有1/3用于其他投资。就投资风险而言，可对股票、储蓄、国债和保险进行组合投资，这样可以分散投资风险，也不至于因此影响到家庭生活。对偿债风险而言，借入资金的总量和结构一定要与未来现金流入总量和结构相适应，避免还债期过于集中和还债高峰出现过早，创造一个较为宽松的外部环境。而且借入款项要做到短期融资短期使用，中长期融资中长期使用，特别是在住房按揭贷款时要合理规划。

转嫁风险。转嫁风险是指将风险转让给专门承担风险的机构或个人。转嫁风险的常见方法有：在保险公司购买保险；债权投资中设定保证人；为避免利率、汇率、物价变动形成的损失，在交易市场上进行套头交易，买进现货时卖出期货，或卖出现货时买进期货等等。转嫁风险是把风险转让给他人，那么为这种风险转让就得付出一定的代价，支付保险费或降低交易的收益(如套期交易收益的降低)即是指此。转嫁风险的作用是将不可预见的、不可控制的、可能产生的损失转变为可预见的、可控制的成本或费用，有利于搞好成本和收益的控制和核算，在一旦发生损失时可获得足够的赔偿以恢复家庭生活。

接受风险。接受风险就是自身承受风险所造成的损失或伤害。接受风险的原因主要是：

回避或控制风险有较大的局限性，有些损失或伤害是躲不开的，如人的生老病死、地震和水火灾害等。

家庭面临的风险不大，或风险虽大而有来自家庭外部的保障，家庭自身可以承受这些风险造成的损失或伤害；

家庭财力不济，无力购买保险或采取其他相应措施；

在投资损失已成为既定事实的情况下，或防范风险所需成本高于风险带来的损失时，只有接受风险。

5

家庭的幸福源自情感的融合

爱是家庭中的粘和剂，有爱才有幸福，才有情感的融合。

——题记

○每个家庭都要有爱

每个人都是家庭这个学校的教师，更是一个班次的同学！

人们的“情商”是在家庭中形成的。家庭中的情感交流方式经过成年累月的培养，在人们的心灵打下深深的烙印，它将决定在家庭之外与他人交往的方式。一些与他人相处相关的重要价值观念不是从书本中能学到的，比如互相尊重、平等待人、关心他人、宽容忍让等等，而是实际生活中体验、观察、实践获得的。家庭正是接受并实践这些重要价值观念的主要场所。孩子的道德、情感和社会性的发展基本上是在家庭中进行的。

1. 爱的真谛

一个缺少爱的孩子可以在体格上发育成人，但他的内心世界却会停滞于不成熟、不健全的状态。倘若一个孩子在家庭中得到的不是爱，而是虐待或排斥，那么他或她在成长的过程中心灵就会受到扭曲。如果得不到矫正，他们极易成为社会的罪人。

爱是一种生活的态度与实践，受益于他人并从中感到快乐。这种爱叫做真爱。只有真爱才能满足心情的需求。一个家庭会经受许许多多风雨，会经历高峰与低谷、健康与疾病、年轻与衰老、富足与贫穷。在这些变化中，维系一个家庭不灭的灵魂是真爱。我们不能仅仅依赖于爱的情感。情感会受天气、激素水平与股市行情的影响，是变幻莫测的。真爱需要的是道德的内容：做与不做，正确与错误，还有对他人的责任。一个拥有真爱的人，即使自己感受不到爱，也会关爱他人，会超越个人直接的需求，即使已付出多次仍会不断付出，并且忘记自己所做的一切而奉献更多。

或许真爱的最佳例证就是父母之爱。有句名言说“父母对子女的爱就像流水一样，一刻不停地在流”。想想那些疲惫的母亲在夜深人静的时候为孩子准备第二天上学用的书本与衣物，想想那些第二天要上早班的父亲，抱着发烧呻吟的孩子在夜里焦虑地走来走去。身为父母，才能深切体会到那种爱，并感受自己所知道的最无私、最崇高、最伟大的爱。

如果一个家庭能围绕真爱运作，那么就有了成功与和谐的坚实基础。在所有健全家庭里，都有一种精神内涵或道德理想。几乎在所有能找到满足、幸福与家庭成员间感激的家庭里，父母都有一个相似的优先权体系，通常就是道德准则优先。

对他人道义上的责任就是爱的真谛。正因为家庭中的真爱在伦理道德上的内涵，才使它与全人类的博爱息息相关。爱是一种心态，一种性格导向，它能决定一个人与外面世界的关系。每一个家庭都是组成更大网络的一部分。它们是家族的一部分，社会的一部分，国家的一部分，也是人类大家庭的一部分。对于家庭来说，以某种特有的方式来表现这一点是很有益处的。一个家庭可以决定他们愿意每周至少为其他家庭服务一次，也可以全家出动为社区进行其他服务。这样做既可以建立起家庭成员之间深厚的情谊，同时也增加了家庭与社区的联系。无私的人们经常给予他人的物品与服务，不是任何政府项目或税收可以弥补的。这正是他们拿出对待亲朋好友的爱心来对待家庭之外的人。

为社区服务可以增强一个家庭的自豪感，丰富家庭内部的交流，并给予家庭生命力。一个有悖于一般推理的事实是，尽管公众的活动占用了个人家庭中的时间，但是通过为高尚的道德理想做出贡献，家庭内部的关系反而被凝聚了起来。通常，现代的婚姻家庭都缺少了一种社会责任感，缺少一种除了家庭成员个人满足之外的更高尚的追求，这样就极容易解体。知道社区活动有助于家庭幸福与成功，通过帮助他人而培养起真爱之心，自己会从中得到更多的益处。

要想使家庭成员之间充满真爱,就要试着服务于家庭之外的人。因为,学会了爱他人,才会更好地爱家人。

2. 爱的层面

正如所有的学校有年级一样,家庭也有爱的级别,从初级开始逐步上升到更高的级别。孩子的爱、友爱、夫妻的爱、父母的爱是家庭生活中爱的四个层面。它们在时间上是连续的,每个层面都包括在它之前所要经历的领域。因此,驾驭好爱的初级层面有助于对高级层面的把握。如果我们每上升一个层次时,爱的能力已达到了所需的标准,那么将是再好不过的。然而事实上,往往是生理上的成熟促使我们参与更高层次的爱,可是心理上爱的能力却远远落后,这样会造成许多困难。

好在爱的四个层面是可以互相弥补的。比如,如果你已达到父母之爱的层次,却仍留着童年与青春期的问题,那么你就可以通过爱自己的孩子来弥补这一较低层面的爱。实际上,一些心理学家研究出这样的理论,即最好的婚姻模式,是双方有意识地弥补童年时的创伤与缺憾,从而使双方达到个人价值的实现。

(1)孩子的爱。那些关注孩子需求、爱护孩子的父母为婴儿提供了他们第一次与他人交往的经验。正如心理学家所说的,如果外界环境关注孩子的需求,那么他就会学会信任这一美德。他或她会感觉到世界是一个充满慈爱的地方,并认为其他的人是可以信赖的。一个弱小无助的婴儿需要父母完完全全的关心、关爱与照顾,同时,他们在此过程中也会深深品味到父母对他们的爱。儿子或女儿会学着用爱来回报父母的爱。很快,即使是很小的孩子也会开始向父母流露出可爱而又迷人的样子。他们笑着,做出羞涩的姿态,做出可爱的动作,甚至会向父母表达他们的感激。你或许见到过你的孩子为了讨好你,把他或她的脸埋在你的肩下或和你玩游戏,这些都是孩子爱的开始。

在父母之爱的保护伞下,孩子开始尝试发展与亲戚、朋友和同学的平行人际关系。通过与人分享、轮流讲故事,有时会让他人先行和学习游戏中的公平原则,他们开始学习真爱,也懂得了不去殴打伤害别人。不久,孩子的成长就会受到其他抚育人的影响,但是对于很小的孩子来说,他们受到父母之间超越一切的重要关系的引导和塑造,在这一时期,教导孩子最重要的道德理念就是孝心与感恩之心。

时代在变,但有一些东西是永恒的。孝心最深刻的含义就是使父母感到骄傲。要知道,作为父母,人人都盼望自己有个好孩子。你希望孩子能比你强。没有什么能比孩子的出色表现更让父母欢喜,也没有什么比孩子变坏更让父母头疼伤心的。值得庆幸的是,孩子们都有一种要取悦父母,让他们感到自豪的本能愿望。父母的表扬与鼓励加上恰如其分地传播价值观,都会有益于孩子的这一愿望的发展。

另外,在孩子的爱这一方面,感恩之心也是一个重要品德。感恩之心是一种心理状态,一个人为别人所给予他的许多东西表示感谢。现在发达社会里最大的问题之一,就是年轻人在物质上得到的太多,却缺乏感恩之心。家务劳动能够帮助培养亲情与感激之心。倘若父母能描绘出他们所做的所有家务事,并与孩子做的那一点点作比较的话,会收到更好的效果。

对于孩子来说,学习关心爱戴父母是关心爱戴他人的基础。在孩子的爱这一层面,培养起好的习惯可以辅助一个人在以后的生活中建立良好的垂直人际关系,比如:服从上级、忠于国家等等。对父母的效忠可以引导一个人在一生中效忠于所有教导和保护自己的人。

(2)友爱。当一个孩子成长到青春期时,就可以认为他已进入了第二层面的爱,即友爱。这时,他们与父母关系的重要性开始降低,而与同伴的关系却成了关注的中心。小时侯,孩子的特点是与父母合作、协调一致。到了青少年时期,他们与父母的关系会充满危机的，因为这一时期的年轻人试图与父母脱离，确定自己人生的位置，树立自己的价值观念。从情感上讲，他们想要变成单个的人，努力追求独立与自主。

既然年轻人已经开始关注其他事情，那么服务性项目这时就最能左右他们，且有利于他们的成长。同时，社会服务还能帮助年轻人学会一些今后工作的技能、婚姻与抚育子女的技巧。服务中的学习可以使年轻人的同伴取向变成一件积极的事情。一些启发同伴间相互指导、咨询、调停的活动却已经取得了显著的效果。一些出色的学生结成小组，使他们可以积极地互相促进。

与同伴的交往为年轻人提供机会，学习与各种不同的人打交道，学会与他人和睦相处和协调合作，在学会从各种不同的角度看问题的过程中，他们也学会怎样解决冲突。这对他们今后的婚姻生活也是一种极其宝贵的财富，因为夫妻双方也是同伴，他们之间也不可避免地会有不同意见与争执。

为他人服务对一个人情感方面的成熟有极大帮助，可以为青少年提供一个类似于为人父母的机会，他们从与不同的人，通常是与比自己不幸的人的交往中，开始把自己定位为负有责任心的成年人。统计结果表明，那些经常参与社会服务的年轻人不太容易有吸毒、婚前性行为或酗酒等不良行为。

在友爱这一层面的一个主要美德就是纯洁。在青春期，那些以两性之间浪漫情调为主的关系，会破坏一个人真爱的发展，因为它使一个人的注意力完全倾注在另一个人身上，而忽视了其他人。年轻人应努力把异性看成是朋友、伙伴、兄妹或是同事，而不是潜在的性伴侣。在青春期阶段，不应该鼓励那种两性间炽热的一对一的关系。这个时期的年轻人还不够成熟，倘若他们把他或她的爱集中到一个异性身上，那么就不可避免地会无视社会责任，或沉迷在性的强有力的控制之中。年轻人应多在集体活动中与异性交往，学会关爱他人。这些集体活动可以是工作性质的，也可以是娱乐性质的或两者兼而有之。

如果青春期的快乐不被人为的刺激因素或不成熟的性关系玷污的话,那么这段日子将会成为一生中最美好的时光。

(3)夫妻的爱。排他性是婚姻层次的爱所独具的特点。在童年时代,许多关爱孩子的长辈通过与孩子的密切交往进入他们的生活。在青少年时代,许多的朋友熟人都成为同伴之爱这一层次不可缺少的一部分。但配偶之间的爱却仅限于爱一个人。

婚姻的排他性并不意味着是以“我”为中心的。这一时期,双方都应该沉浸在以对方为中心的爱之中。如果婚姻双方总想先满足自己的需要,再满足对方的需要,那么矛盾就要产生了。许多婚姻顾问都认为,婚姻破裂最主要的一个因素就是以自我为中心,总期待得到回报,而不是去给予。当爱情最初的激情浪漫渐渐逝去,只剩下两个人面对面时,似乎一切都过于平淡。倘若他们没有经历过真爱的磨练,即为对方利益而生活的体验,那么他们就很难重新点燃爱情之火。只有当双方都不断地从内心深处给予对方仁慈与善良,他们的结合才能越来越深厚坚固。

承诺是每一个成功婚姻普遍需要具备的美德。婚礼上的誓言每一对夫妇都铭记在心,他们的承诺就是无论发生什么情况都要尽一切努力维系婚姻。作为对婚姻的保护,承诺甚至比爱情更为重要。它是爱情长久的基石。

忠诚是夫妻之爱另一个不可缺少的美德。婚姻的本质就是要性忠实。从结婚的那一天开始,一个男人和一个女人就完完全全地把自己托付给对方。他们分享着思想、心情、身体、财产、未来和他们的孩子。夫妻间的性行为就从身体上象征着把两个人的生命结合到一起。一个人不可能先和这个人然后又和那个人做爱,而不遭受损害。

婚姻中理想的性关系就是“绝对的性”这一伦理观念。“绝对的性”就是指一个人一生中绝对地忠实于惟一的一个性伴侣。婚前，他或她是禁欲的；婚后，他或她忠实于自己的配偶。这样两个人之间的爱就是完整而不可分离的了。承诺与忠实并不一定能保证你会拥有完全幸福的婚姻，但是如果没有它们，就绝对不可能有一个真正幸福的婚姻。

(4)父母的爱。在所有形式的爱中，父母的爱是要求最高的，因为它需要为子女做出不断的牺牲与奉献。为了孩子不断地付出，而且会忘记过去的劳苦而付出更多。一位母亲会竭尽全力孕育她的孩子，会用一个个不眠之夜去照顾他，并且每天都为他的幸福而操劳。父母并不期待孩子对他们有什么切实的回报，他们的快乐就是能看着孩子健康茁壮地成长。当孩子长大成人并获得成功时，父母甚至会忘记自己牺牲的一切，在他们看来这一回报实在是太多太多，他们的一切付出似乎都微不足道了。

所有的英雄都会有踌躇的时候，他们不知道未来会怎样，他们对自己要作的决定犹豫不决。一位年轻的父亲这样说："我觉得自己在抚养孩子的探索中，走了一条正确的道路，但是又很难确定。"父母们做出许多努力让自己确信，他们现在投入到孩子身上的爱、关心、指导、期望与支持都会在孩子长大成人后结出硕果。就像一株竹子，最初只是长出地面的一点点笋尖，而那些真正被关爱的孩子会构筑起支持他或她的网络，在日后长得又高又大。

在父母之爱中，与投入相辅相成的另一要素就是怜悯之心。每一个年龄段的人都有它的局限性。在成长过程中，年轻人会犯许多这样那样的错误，他们有太多的事情需要掌握。当他们偶尔跌倒的时候，要为他们重新站起来努力。与此同时，做为父母记住自身的缺点也是很重要的。当年轻人对父母表现出反抗或不尊敬时，往往会遭到父母严厉而毫无耐心的指责。但是当记住自己的错误与恶劣态度时，就会对孩子的不太完美表现出更多的怜爱与宽容。孩子正是父母的写照。

父母之爱的延伸就是祖父母对孙辈的爱。祖父母们联系着过去的一切，他们是历史的纽带，他们是孩子们“根基感”的宝贵资源。祖父母们亲身经历了创建婚姻与维系家庭的挑战，对于年轻一代而言，他们是智慧与安慰的源泉。当父母与孩子的关系出现波折时，祖父母可以提供一个“庇护所”，另一代人的看法往往是风趣而冷静的，它可以丰富人的思想，化解一切摩擦。三代间的交流有助于孩子形成更加完善与稳定的性格。更重要的是祖孙这两代人似乎生来就很亲近对方。

祖孙三代对家庭起着很重要的疏导作用，前辈把积累起来的经验、传统、爱与智慧传递给后代。祖父母们象征着过去，父母们代表着现在，而孩子们预示着未来。在几代人的交流中，将过去、现在和未来都联系了起来。因为祖父母们经历了所有层次的爱，而其他家庭成员还没有，所以把祖父母的爱放在爱的等级中的最高位置是再公正不过的。

家庭是一所为生活做准备的最佳学校。人们不能选择家庭成员，只能学会与他们相处。同样，在家庭之外的生活里，人们也常常无可选择地与一些年龄不同，性格各异的同事、伙伴交往。家庭教会人们处理好家庭之外一切垂直或水平的关系，对生活的真正教育就蕴藏在家庭之爱的四个层面上。

◎情重于理才能融洽相处

模糊是一种聪明的糊涂,对家务事尤其如此!

人是复杂的感情动物,人的感情往往是微妙而又难以捉摸的。俗话说得好:晓之以理,动之以情。在许多场合,感情比道理更为重要。让每个成员的情感都得到恰如其分地表达,才能融合大家庭的感情。

1. 小家庭中的夫妻

——注意平衡家务负担

新的研究显示,当妻子开始埋怨丈夫干家务事太少,而她们的丈夫并不否认这一点时,婚姻有可能出现危机。研究者警告,就是这些看似微不足道的埋怨,常常是他们的婚姻关系较紧张的征兆。上述报告发表在《个性与社会心理学杂志》上。研究报告的作者指出:不管是否在外担任全职工作,妇女仍是家务劳动及照顾孩子的主要承担者。调查时,无论男性或女性从客观感觉上都认为这样不公平。如果夫妻感情好,这种不平衡似乎对夫妇无所谓。然而,当再增加压力,例如孩子的出生、家务事增多,冲突就会随之发生。

研究人员指出,夫妻应该防患于未然,平时多留意解决这些家务事承担上的不平衡。只有这样,才会有一个美好的家庭。在对181对夫妇进行的研究中,研究者发现,许多丈夫及太太都承认在家务的分配上不公平,尤其是在孩子出生的前后几个月内。妻子反映,在这个时期,婚姻生活中为小事发生的冲突增加,生活的满意度降低。当孩子长到六个月至一岁大时,许多妻子及丈夫都反映婚姻生活的满意程度减少,并且丈夫更加感到不公平。如果不开心,经常发生冲突,那将是一个危险信号。在家务劳动中无论存在何种不公平,都将导致有人(通常是妻子)过度疲劳。这时应在家务劳动负担上作一些调整。哪里是底线呢？研究者认为，无论男性或女性，如果他们想要保持婚姻，避免矛盾逐步升级，就应互相体贴，关心对方的需要。

有一位母亲某天到儿子家去玩。媳妇高高兴兴地出迎，然而怎么看不到儿子呢？

“啊，正在洗衣服呢。”

听了这句话，做母亲的就像突然挨了一记闷棍似的。因为前天听说儿子患了感冒，今天特意来探问儿子的病情。媳妇可以把头发烫成刺猬一般蓬松，或将尖尖十指涂成血红，或者经常出门，这些婆婆都可以不问，然而家里乱成鸡窝一样，却叫自己的宝贝儿子去洗衣服，这种事怎么不叫老人家生气呢。“今后还不知要把我的儿子整成什么样呢？”婆婆心中不由得如此想。

媳妇心中却想：“我的头发烫成刺猬一般，你说不好看没关系，但是，为什么不能让男人洗衣服呢？况且又不是经常叫他洗衣服，偶尔让男人洗一两次衣服有什么不可以。”

一位母亲说：“好奇怪，看到女婿洗衣服，我好像感到无所谓的，反而觉得这么做很好，可是如果儿子去洗衣服，看了就会生气。本来我以为这种心理要不得，后来在同学会上聊起来，才知道大家都有相同的心理。”

家务事理应由两个人共同负担。既然看到女婿在家里洗衣服觉得很好，又何必为儿子在家洗衣服而生气呢！

——不要把过多的负担加在夫妻关系上

本是相爱才情愿结为夫妻的，但做了夫妻之后便要审视爱，怀疑爱，掂量爱。不论婚前婚后都要求保持恋人的热烈，朝夕相伴，依依不舍；要求夫妻是朋友，有着朋友的情分，朋友的胸怀，彼此互帮互勉，友谊天长地久；要求夫妻是知己，心有灵犀一点通，你读懂我，我读懂你，举手投足都心心相印，高山流水长相知。

其实，夫妻就是夫妻，只要履行夫妻的责任、义务，在夫妻的意义上彼此无愧，就应该满足了。问题是我们常把过多的负担加在夫妻关系上，使得夫妻关系沉重而疲惫不堪。常犯的错误是：以领导的身份批评、指责配偶能力太差、水平不高、学问肤浅……提出近期目标，勒令限期完成；以老师的身份教授知识，要求配偶谦虚好学，不耻下问，还讲究师道尊严；以家长的身份教育对方，循循善诱，软硬兼施，既立规矩，又搞控制，还要求配偶由被动变主动，形成习惯，自觉做个乖孩子；以救世主的身份施恩图报，盛气凌人，要求配偶承恩不忘，甘居下风；以乘凉者的身份要求大树枝繁叶茂，遮风挡雨，自享太平。这样，纷争太多，自然削弱和睦。

家庭中，夫妻尽可能避免为对方设计未来，批评对方事业的成败得失；避免评论对方亲朋好友，监视对方的行踪去向，探听对方的计划方针；避免在对方没提出请求的情况下，为对方的工作、事业奔波忙碌；避免强求对方将收入交由自己管理，怀疑对方隐瞒收入；避免讨论彼此职务高低，成就如何，能力大小，收获多少。夫妻最好以平等的身份，在相互爱慕的气氛中共建幸福家庭。当然，家庭以外的话题不可拒绝、回避。只要遵循上述原则，充分尊重对方，做到轻松舒畅，将会更显和睦气氛。

2. 大家庭的相处之道

中国的传统家庭一向以大局为重，注重团结和睦。家庭是事业的大后方，若是"后院起火"的话，恐怕也无心奋斗拼搏了。

——在小家与大家之间。若男女双方都是孤自一人，从外地到省城，或是从外省到京城，或从内地到特区，这种情况比较简单。可以不举行婚礼，可以不与七大姑八大姨打交道，所有的星期天都属于你们自己。又因为没有可以离家出走的地方，夫妻双方不得不独立解决自己婚姻中的各种矛盾，于是自己的小家庭便茁壮成长起来。而如果一方是本地人，一方是外地人，或者夫妻双方都是本地人，那么如何应付其中的种种微妙关系，很令许多小夫妻头痛。

吴丽就是在七亲八戚中不能游刃有余，最终不得不放弃她的婚姻。她是家里的独生女儿，从S市考入北京上大学，她父母本不是S市人，后调入S市工作，所以她家中的亲戚关系一向都很简单。大学毕业时，一个偶然的机会认识了北京一个高干的儿子，小伙子倒是没有什么恶少的毛病，经过自己努力再加上某种关系进入大学。他见了吴丽就穷追不舍，吴丽本不想嫁这种在北京有复杂背景和关系的人，但禁不住小伙子的诚意。有一次小伙子去找吴丽，吴丽不想见他让他走，他却在吴丽宿舍楼下的电线杆旁呆了一整夜，宿舍里的姑娘们“威胁”她说，你不和他好，我们可要插足了。

于是两人就好了。毕业时吴丽留在了北京，两人结了婚，新婚的生活很快乐。爱人对她也很体贴。吴丽很能干，除了专业上的才气以外，烹调，缝纫都是一把好手。婚前去丈夫家，她为了表现自己，把十八般武艺都演示了出来，赢得了全家上下一致称赞。

然而，结婚后问题就出现了，夫妇俩再也没有了属于自己的周末和节假日。平时俩人都忙于工作，好不容易盼到星期六了，婆家却早早打电话来，让她回家去“玩儿”，实际上是因为吴丽菜做得好，一家大小都等她回去把宴席开出来。

后来就名声远扬，亲戚都请她去玩儿，她一时糊涂去了一家，从此便永无宁日，不去哪家，就是不给面子，就得罪了那家亲戚。忙忙碌碌的一年过去了，朋友同学都对吴丽有了意见，说吴丽你一天到晚在忙什么，周末节假日大家聚会怎么从来都见不到你？是不是成了“高干”夫人，不屑于与我们为伍了？弄得她有口难辩。

等她意识到她与夫家的人和夫家的亲戚们来往过多，想往回缩时已经晚了。她的能干热心肯帮忙已经传遍亲戚家，大家都夸她是个好姑娘，夸她婆婆福气好，有这么个能干的儿媳妇。她要改变这种情况已经不可能了。

又是一个星期六，别人送了两张星期天北京音乐厅音乐会的票，是她最喜欢的德沃夏克的成名作品。她很想去，顺便可以在西单逛逛街买点衣服之类，所以婆婆打电话要她回家时，她委婉地谢绝了。她和丈夫婚后第一次过了一个属于自己的周末，一同逛小吃街，去商业中心买东西，晚上去听了那场很不错的音乐会。

丈夫尝到了甜头，第二个周末，两人窝在自己的小家，过了个舒适安闲的星期天。当第三个星期天吴丽再回婆家时，婆婆的脸色就很不好看了，小姑子的话就更难听："靠我们家留在了北京，目的达到了，就过河拆桥了。"

小姑子这么一说，她才明白，原来丈夫一家人认为她以前的勤快能干都是装给他们看的，是另有所图。吴丽一气之下，就决定再不回婆家了，这样倒轻松一些。

丈夫是个孝子，夹在母家和吴丽之间左右为难，最后想到母亲只有一个，有不可替代性，情感的天平就偏向了母亲。吴丽觉得她与丈夫一家惟一的纽带——丈夫对她的爱也断了，便提出了让丈夫在他们家和她之间进行选择。丈夫选择了他的家。

剖析吴丽婚姻破裂的主要原因是姻亲关系处理不当。处理好这种小家与婆家或娘家的关系，应把握好一个"情"字。要在平等的关系中相处，以小家的幸福为主，与婆家或娘家的交往必须是一种心甘情愿和愉快的交往，如果老是觉得有一种被迫和痛苦的感觉，那就是为了婆家和娘家压抑了自己的情感和幸福。长期如此，情感得不到有效合理的疏导与发泄，一味忍让，必然会有感情断裂的时候。正确的做法需要夫妻双方配合，主动地去调整。开头也许会让婆家或娘家不高兴，自己也会觉得内疚，但只要坚持下去，时间一长双方老人也会理解，因为儿女也有自己的生活。另外，进行这种调整一定要把握住自己，不要怕老人一年半载的误会，因为只要儿女的婚姻幸福长久，误会自然会消除。如果双方老人有什么三灾两病，儿女则要全力照顾他们，患难之中见真情，老人一定会明白晚辈的爱心。

——在孩子与婆婆之间。“从前我老是感到婆婆太溺爱孩子了,为了这点,我和婆婆之间常有些不愉快,例如孩子如果做得不对时,我会责骂他一番,而婆婆却老是护着,总是说‘算了吧,还小呢’。婆婆这样和我唱反调,简直是无理地袒护孩子嘛,孩子当然会因此喜欢奶奶而讨厌妈妈。只要我一说他,他就跑到婆婆那边去求援,真叫我生气。不过,最近我倒也想得开了,因为孩子渐渐长大了,我也较少严厉地责备孩子了。在看到别人严厉责备孩子时,心中也会不时生出怜悯之情。说老实话,当初如果随着婆婆的意思,我觉得孩子也不一定就会被宠坏,现在回想起来,当初也真执拗,其实我又何必一定要与婆婆计较呢?年纪一大,看到别人严厉地责打孩子时,几乎也会像婆婆当时的态度一样。”

她还说:“从道理上说,自然不应该过分溺爱孩子。一般人对于儿童的教育可分为两种方式,一是正确的教导,一是姑息的溺爱。正确的教导就是讲道理,对孩子的错误加以纠正。而姑息的溺爱则是过分迁就孩子,会养成孩子嚣张跋扈的性情。孩子小时候如果不加管教,任其自由发展,以后定会招来无穷后患。对孩子的教育,要注意寓情于理,也要体恤老人对孩子的一片爱心。老年人看到小孩子,很自然地在心中就会涌起一股爱意,心情自然就觉得缓和许多,所以在看到小孩子受责的难过表情时,心中就觉得不忍,所以婆婆从前常说的那句:还是小孩子嘛,何必这么严厉责备他呢?现在我也能逐渐体会到婆婆说此话时的心情了。

另外,老人家对于气候冷暖的变化较敏感,因为年纪大的人抵抗力较差,所以天气一有变化,就得赶紧添减衣服,由于自己的敏感,又一心记挂着孙儿,所以就常为孙儿多加衣服,他们以为小孩子也像自己一般,使得孙儿反而因为多穿衣服而感冒,这种事也是婆媳之间经常发生争执的原因。

这是一位女士的经验之谈,也可以说是她的感悟。

一般而言,婆婆都较有可能过分保护婴儿。对于这种情况,做晚辈的一定要考虑到长辈对于孩子的关爱之情，不能只一味地指责他们不会照顾孩子，甚至不让婆婆抱孩子，这样会刺伤老人的心，造成婆媳之间感情上的隔阂。”

——婆媳之间。你一定想不到，有时候诸如衣服颜色等这一类鸡毛蒜皮的小事情，竟也会成为家庭问题的致命伤痕。有一位太太现年已有50岁，从她21岁结婚算起到现在已将近30年的时间，一直与婆婆住在一起。她说最让她烦心的事就是婆婆经常干涉她的衣着自由。“这件衣服颜色太艳了，穿出去多难为情，换件朴素些的吧！”这是婆婆经常说的一句话。而媳妇在娘家是独女，从小就被父母宠着，穿惯了色泽艳丽的服装，陪嫁的衣物中恐怕也找不出一件素淡的服装。加上原本生得皮肤雪白，身材苗条，很适宜穿粉红、淡黄或其他颜色艳丽的衣服，在丈夫的眼中自然是“黛绿粉红总相宜”！如此一来，两代之间，为了媳妇穿衣这样一件区区小事，常常会惹一肚子的闲气。本是小事，大家都退一步，多点宽容与谅解，问题不就解决了吗。

由此可以得出一个结论，长辈最好不要干涉年轻人的衣着，因看不顺眼而与之怄气，是非常不划算的，倒不如采取开明的态度去接受它，或许更可以拉拢婆媳间的感情。譬如当见到皮肤黝黑的媳妇，穿件大红的衣服，心中虽想着换件灰色的衣服可能顺眼些，但口里却说：

“红色的衣眼穿起来活泼多了，这件衣服穿在你身上真好看。”

媳妇听了，心里也一定很高兴地想：“啊，婆婆也这样认为哩。”以后你的话在她心中一定会更有分量，而逐渐对你产生母亲般敬重。“口红的颜色太浓了”、“眼影我看不惯”……这种话当着媳妇的面说，不是存心叫她难堪吗。

中国有句俗话说：“不聋不哑不做阿翁”。的确，这句话可谓经验之谈。媳妇的打扮即使像个狐狸精似的，儿子如果看着顺眼，那么做婆婆的最好三缄其口，免得多生是非。当然，与父母同住的年轻夫妇们，对于老一辈的眼光与品味，最好也采取同样的态度，譬如你如果回到家里发现挂了一条色调俗气的窗帘，不要妄加批评，最好是视而不见，这是非常重要的，一加批评，家中就永无宁日了。

一位先生到一位女上司家中做客，看到她家的起居室兼客厅里挂了一条破布窗帘，吃了一惊，不禁偷偷地问是怎么一回事，这位女上司无可奈何地说："婆婆以俭省为由而不肯换，只好忍耐了。"这位女上司就是因为懂得忍让，才能与婆婆相安无事的。

老人的心理真是不一而足。例如，有的人保守，有的人好出风头，有的人爱发牢骚，有的人喜用自己的尺度衡量别人，有的人依赖性强，有的人固执，有的人孤僻，有的人很暴躁，有的人极偏执，有的人喜欢吹牛，有的人很吝啬，等等。因此，要想与老年人和睦相处，就得多了解老年人的心理，顺势而导之，才能起到事半功倍的作用。

婆媳间有时冲口而出的一句体贴话，常会引起听者意想不到的反应。有位太太曾告诉别人，她这辈子永远也忘不了婆婆有次对小姑子说的那句话，她说："在我坐月子出门时，婆婆交待小姑说'别让你嫂子吹风，坐月子的人怕着凉'，这句话直到现在还温暖我的心。"

有时婆媳间闲聊，婆婆不经意地提起媳妇婚后不孕的事，言者虽属好意，殊不知这话却深深刺伤了媳妇的心。对于这类小事，平常要能够敏感地留意到，因为构成家庭生活的，往往都是这类鸡毛蒜皮的小事。

○长幼尊卑是相处的不变基础

父母的一言一行永远是孩子们成长的榜样。

家庭关系从夫妻关系开始，有了孩子以后，在夫妻关系基础上又增加了父子关系、母子关系。如果还有第二个孩子的话，家庭关系中又添加了孩子之间的关系，即兄弟姐妹关系。孩子长大以后，又会成家立业，就有了妯娌关系、连襟关系和姑嫂关系。可见，一个幸福美满的家庭只搞好夫妻关系和亲子关系是不够的，还要记住长幼尊卑的信条。

中国人向来认为人是万物之灵，享有万物之尊——人有长幼尊卑之序，有仁义礼智之伦，钟天地之灵秀，集阴阳之造化。那些不忠不孝、不仁不义的不肖之辈则被斥之为“禽兽不如”。我国素称礼仪之邦，以礼兴邦，以礼待人，而礼的思想内涵，就是以孝为先。心中有孝，外化为礼。每个炎黄子孙的血脉中都有“孝”字当先的文化基因。封建社会“以孝治天下”，高低阶层都有孝的职责。上要勤政，下要事亲；上要表率，下要顺从。

我国古代对家庭教育是十分重视的，一家之长（主要指父母）对子女的培养教育可谓不遗余力。家长在家庭中自觉地有意识地按照当时社会的需要，通过自身的言传身教和家庭生活实践，对子女施以一定的影响，使子女的身心发生预期的变化。我国古代社会对青年一代要求有道德，行为规范要合乎“礼”，对父母要“孝”，对国家要“忠”。这些要求至今仍然具有现实意义。

1. 孝顺有新意

孝是自觉地将人类天生的一点敬爱父母的心，也就是仁心仁性加以保存、培养、发展，以使人成人、成贤、成圣的道德原理。具体说，孝就是使父母宽心喜乐，使父母免忧愁、少担心。为人子女的，好好地爱惜自己的身体，经营自己的事业，照顾自己的家庭，也是尽了孝道。《亲恩歌》中唱道："要知亲恩，只看自己怎样养儿育女；要求子顺，必先自己做到孝顺爹娘。"

其实，在现代家庭关系中对父母尽孝，归结起来，不外乎三条原则，即合情、合理与合法。合情，即子女行孝应以爱心为本，以感情为重，并应设身处地尽力为父母着想，在对父母表达关怀之情时，应采取其乐于接受的方式。合理就是子女行孝应适当运用理性，考虑事实，顾全事理，而不冲动短视，为近误远，以小害大。合法是子女行孝应不违反现行法律，不可因图孝父母，而有犯法之行。父母如要子女做不法的事，子女应好言相劝，不可以孝害国。行孝应量力而行，不宜过度，走入极端，尤不可因行孝而自残、自虐、自贬，否则即成愚孝。

有则报道说，南方某地，有人在外经商赚了大钱，衣锦还乡之后，为了报答父母的养育之恩，尽自己的孝道，在父母还在世时就为其假设灵堂，大作道场，挥金如土，只为博得一个"孝子"的名声。这种做法，只能说是愚昧行为，搞封建迷信，实不可取。在此，列出一些具体的原则供参考：

——子女要善待双亲，且要同等看待，不可厚此薄彼；

——多与父母交谈，以了解其看法、想法及感受；

——尽力敬爱父母，不以言辞或行为怠慢父母；

——尽力使父母心情愉快，少惹父母生气；

——帮助父母从事并完成善举，不陷父母于不义；

——对父母应诚心诚意，不因父母的社会地位与经济能力而表面做作与应付；

——言行尽量使父母引以为荣，不使父母因子女言行而抬不起头来；

——尽力使父母信任与放心，而不使父母为子女的行为担心；

——保持自己身心健康，以免父母忧虑挂念；

——以同情的态度来了解父母的时代与生活背景，不可以贸然视为落伍；

——父母如有过错，子女应以委婉的态度耐心相劝；

——父母在物质生活上如需照料，子女应尽力予以安排，勿使有所匮乏；

——父母生病时，子女应妥为照顾，尽力设法医治；

——父母丧亡，子女应予以妥善安葬。

2. 与固执的老人相处

人生的好多烦恼与无法解释的苦衷有时竟来自于家庭，而这又多半与两代人之间难以融洽相处有关。有些作父母的，认为孩子是自己生、自己养的，他们理应该像小猫、小狗那样顺从、乖巧；自己是家长就得说一不二，老子的话是圣旨，不可违抗，对错都得执行；还有些父母固执己见，即使知道自己错了，也不肯在孩子面前认错，在孩子面前保持自己起码的威严；也有的家长认为“家有家规，棍棒之下出孝子”。家庭中没有民主，只有专制，在这样的家庭中成长起来的孩子心理上很怯懦、悲观，既不愿因此而与父母决裂，同时又难忍受父母固执给自己带来的精神压抑与心理摧残，他们感到深深的无奈与茫然。怎么办？

(1)冷静与理智地对待。应充分认识到，家庭的和睦，成员间关系的融洽是每个人都向往和渴求的，是在纷繁复杂人生中战胜各种艰难险阻的力量源泉，也是塑造完美人格的坚实基础。因此，儿女应和父母携手搞好家庭建设，争取在温暖、和睦、民主的家庭氛围中找到自己发奋图强的支撑点。晚辈们应以各种方式求得父母的了解与理解，同时也与长辈建立相互谅解、信任的关系，用和煦的理解春风化解积蓄心头的固执寒冰。

作为儿女，不要更多地议论父母的是与非，而应冷静地想一想如何才能用自己微薄的力量去重新赢得父母的耐心与爱心，去赢得平等与互相的尊重。要选择合适的场合，借用合适的话题，运用巧妙的语言，让父母认识到自己某些老观念和不当的做法，既不伤他们的面子，又让他们认识到儿女对他们的理解和尊重。同时要用积极孝顺的爱心去感化他们，帮他们走出自我狭隘的生活圈子，多与外界接触，去切身感受时代的变化与人们观念的更新及现今孝道的新内涵。还要多在生活的细微之处了解父母的物质需要与精神需求，做父母身边的有心人。这样，冷漠对抗的家庭气氛会慢慢消失，取而代之的将是父母对儿女的关心、疼爱。

(2)分析清楚父母专横、固执的原因。据观察，有的家长总是爱拿自己的从前和儿女的现在比，用老一套要求子女，以各种模式限制儿女按照他们设计的方式去生活、成长，儿女稍有不顺，便暴跳如雷，相信武力与强权会使儿女乖顺；也有的父母由于事业上的挫折或其他的外在压力，使他们感到无法发泄心中的郁闷，于是儿女稍有“逆耳”之言，他们就要“山洪暴发”，把气撒在孩子身上；还有一部分父母因更年期脾气古怪、性格暴戾，总是怀疑自己的孩子长大了要背叛自己，心里总有一种失落感和恐惧感。他们往往多疑无理，对孩子动辄发火辱骂，大打出手，等过后又感到深深的悔恨和自责。

如果发现自己的父母突然间和以前判若两人，明明不是你的错却拿你发火。这时就要巧妙地了解一下，是父母在工作、事业上受到什么挫折，还是在人际关系上遇到了什么麻烦。如果确实如此，做儿女的应该多为父母分忧，帮他们平息心中的怨气。具体的就是多帮他们干干家务，给他们买些或自己亲手做点他们爱吃的东西，多找些开心的话题分散他们的注意力，这时“乖顺”，可以给他们抒发自己苦衷的机会，有谁会比儿女更了解自己的父母、更会倾听他们的怨言呢。不妨让他们尽情地说说，虽说长辈经历、阅历比孩子们广，可他们的心有时也像孩子们一样脆弱。

如果自己的父母到了更年期，很多习惯发生了变化，一时也难以令人接受，这时晚辈切忌遇事必须辩明是非或保持沉默不予理睬。要知道人都有这个时期，只不过不同的人对此有不同的反应罢了。老人由于生理、心理上的不适而产生的一连串的变化都是儿女们应该理解并给予重视和关心的。但不应把老人当作病人看，应有耐心。宽容的心是可以治愈伤病的良药。做儿女的可以抽空多陪老人出去转转，发现他们的乐趣所在，给予及时的鼓励，养花、养鱼、养鸟都可以缓解更年期给他们带来的难以自制的心绪，也可以适当买点补养品，等老人心情好的时候送上去。要善于察言观色，尽量满足父母的要求，遇到老人固执、钻牛角尖发脾气时，要理智、克制，找一些轻松的话题缓解紧张的空气。父母这个时候是比较敏感的，所以说话也要多留心，不能言语过重伤了父母的心，只要多体贴多关心父母，他们是会很快渡过这个时期的。

(3)给父母的建议：

当子女讲话时，要全神贯注，不要看书报、电视或忙别的事。平静，专注地倾听并了解子女的观点。

接纳子女的感受，就算你不一定同意他的行为，也试着不要加以判断。

开放各种主题的谈话，作个“可被询问”的父母。

避免对在你看来是愚蠢、天真的问题在谈话中加以羞辱或嘲笑。

鼓励孩子参与自己的选择，来帮助他们建立信心。

试着经常并适当地对孩子表示意见，不要将好的方面视为理所当然，而只注意不好的一面，因为每个人都需要被欣赏。

鼓励孩子参加家庭的决策，并一起合力完成。

了解他们，需要向你的意见和作法挑战，以达成和你有所区分的目的，这对他们的自我认定是不可或缺的。

(4)给子女的建议：

避免将父母视为敌人。事实上他们爱你，最关心你的幸福，即使你不一定同意他们表现的方式。

试着了解父母,他们也是人,也有他们自己的不安全感、需求和情绪,他们不是完人。

以开放的心胸来倾听父母所言,并试着以他们的观点来审视事情。

让父母分享你的感受,好让他们能更了解你。

承担你在家中和在学校的责任,好让他们更理解你所想要的独立。

在批评家庭、学校和政府时,最好加上改进的建议。

像你对朋友父母一般有礼,用体贴的态度来对待自己的父母。

3. 了解与满足老人的需求

老人主要有以下几个方面的需求:

(1)依存需求。退休以后时间闲暇,希望找人聚聚,聊聊天,从子女那听点消息,丰富一下自己的生活。

(2)自尊需求。随着年龄的增长,有些老人不服老,但又有点怕老,逐渐变得多愁和敏感起来,担心自己的人生价值是否能得到社会和子女应有的肯定和尊重。这时他们的自尊心比其他年龄的人、也比他们自己过去的更强烈。

(3)求助需求。刚进入老年期,健康状况尚好,他们可以承担不少家务,子女当然也十分高兴。但是,随着老人身体逐渐衰弱,老人的求助需求增加了,渐渐对子女的要求多起来。

(4)文娱需求。老人的文娱需求也有别于年轻人。如爱看京剧或听戏曲,对流行歌曲有的不愿意接受等。作为晚辈切莫责备老人性格"怪",漠视老人合理的心理需求。

针对以上需求,应对老人在人格上多尊重,在精神上多安慰,在生活上多照顾。具体说,主要有以下几方面:

——经常主动与老人交谈,多谈些老人关心的事情,节假日外出游玩,尽量邀请老人一起去,对老人的合理要求,应尽量满足,不能满足的应向老人解释,取得老人的谅解。

——遇到老人心绪不佳时，要忍耐，切忌顶撞，如与老人意见发生冲突，一时又难以达成一致意见时，可暂时转换话题，等老人心情好时，再以婉转的方式商量解决。

——无论老人经济状况和持家能力是否变化，有关家庭的大事都要主动征求老人的意见，应经常询问老人的身体情况，如有不适，及时陪同老人就诊，对老人帮助自己照料小孩，操持家务，应经常用各种方式(特别是用语言)表示感谢。

——逢年过节或遇老人生日，要特意为老人做些爱吃的东西，买些礼物，这会给老人带来很大的快乐。

做到这些，老人自然会快乐无比，你也会感受到家庭的温暖，也不会觉得老人古怪了。

4. 兄弟姐妹姑嫂妯娌之间的相处

兄弟姐妹是同代人，处理好相互间的关系，是家庭和睦的重要保证。

俗话说："家家有本难念的经"，特别是当家庭面临种种困境时，每个人会有不同的态度：有自我牺牲奉献爱心的，有自觉尽职尽责的，有应付场面的，有幸灾乐祸的，有落井下石的，有逃之夭夭的，也有趁火打劫的……女性是家庭的核心，若是女性能够通情达理，许多家务事就好办一些。但令人遗憾的是，常常有些女性自作聪明，为了自己的利益，不惜昧着良心做出伤天害理的事来，最后受到法律的制裁。父母的赡养问题，常常是兄弟姐妹之间发生矛盾冲突的焦点。

刘大爷老两口都是退休工人，他们退休后一直给儿女带孩子。大儿媳很懂事，按月给老人送来孩子的费用，并给老人买些爱吃的东西或生活用品，以表示对老人的酬谢；在双休日一定把孩子接回去，以使老人得到休息。二女儿是白天上班时把孩子放在父母这里，一下班就把孩子接回家；女儿对父母比较随便，想起来给父母一些钱，或是给买些东西，女儿常来常往，又嘴甜，老人自然高兴。

只有小儿子的媳妇最惹老人生气,她都是让丈夫接送孩子,自己从不出面;而且她对钱管理特别严,能占便宜就占,总是说:“爷爷奶奶有钱,乐意给孩子花!”她也就“铁公鸡一毛不拔”,还特别有理。有一次,孩子去医院看病花了不少钱,老两口给垫上了,可小两口装不知道,哥姐两人知道了,就训了弟弟一通,让他尽快把钱还给父母,又说起那个不讲理的媳妇。于是矛盾终于爆发,小两口大吵了一通,小儿子夺过了“财权”,并且决定与她离婚。一个过分患得患失的女人,就是这样的下场。

对病人、残疾人的责任与义务首先体现在家庭中。现在,由于社会保障服务的局限性,如果有长期患病的人或是残疾人,在大多数家庭一般还必须由家人来照顾,因为社会福利院和临终医院等的容纳能力是极有限的。所以说这是一个道德与义务责任上的两难问题。但是,兄弟姐妹平辈之间,虽然说从法律上,并没有相互的责任与义务,但在特殊的情况下,却同样需要相互尽责任与义务;手足同胞情谊浓如血,是因为天然的血缘关系将兄弟姐妹紧密地联系在一起。因此,兄弟姐妹之间应和睦相处。

社会上常对女性有偏见,认为女性嫉妒心强,姑嫂、妯娌相处总会磕磕碰碰不顺畅,有的闹得全家鸡犬不得安宁。在大城市里可以大家各过各的,少来往就是了,可是在农村或是小城镇,就更麻烦,抬头不见低头见,并且有许多切身利益问题,似乎想躲也躲不开。其实,路是人走出来的,事是人办出来的。在现代社会,随着时代的发展,女性的胸怀已经变得宽广多了,她们的生活目标也越来越高,使男性不能不服她们。在一个家庭里,姑嫂、妯娌之间可有一种攀比、竞赛和相互的促进作用,这往往比父母或丈夫的督促、说教都更管用。

有一家兄弟3个,大哥夫妻二人都是大学毕业;老二和老三因为赶上“文革动乱”,没有机会上大学,其实他们也是聪明能干的。老二和老三的妻子文化也不高,经常对丈夫疑神疑鬼,闹得家庭不和睦。知书达理的大嫂就抽空做两弟妹的工作，帮助她们参加了成人大学的学习，提高素质，还特意安排了全家一起去旅游和聚会。大哥大嫂还帮助两个弟弟策划事业的发展，帮助他们调节夫妻关系。他们的榜样使弟弟们很感动，也就各自检讨自己的不足，对妻子的进步大加肯定，使家庭婚姻逐步兴旺起来。

同辈姐妹不争高低，大家互相敬重，不计较个人得失，将老人、孩子放在前头，这是维护一个大家庭关系和睦的诀窍，也是中华民族传统的美德。

人们生活在一个复杂的社会里，会把外界的种种好的或不好的信息带回家。工作学习紧张，心理压力极大，会把不良情绪带回家；与社会上形形色色的人交往，去完成各种不同的工作任务，可能遭受嫉妒、挫折、失败，会把失落感带回家，还有下岗、受骗上当、冤枉、委屈等等。家庭是人生的驿站，也是情绪的转换站，所以，家庭需要凉爽、镇静、温暖、平和，一切烦恼和不快都可以在这里消解得一干二净。同时，家庭也是“减压阀”，家庭中的父母和兄长，有宽厚坚实的可让你依靠的肩膀，使你的不安全感一扫而光；家庭中的老人和姐妹，给你准备最丰盛可口的菜肴，使你体验温馨的归属感。因此，家庭需要每一位成员关心与爱护，才会拥有美好的明天。

○当家理财保证家庭的物质根基

在许许多多家庭问题中,当家理财也是每个家庭必须考虑的问题。有的家庭由于夫妻双方有较好的收入,生活比较宽裕,或许不存在理财方面的大问题。而一般的家庭则必须对家庭的每一项开支有大致的预算及节制。不管家庭条件如何,对于家庭财务的分配问题是不可忽略的。那么,家庭财务的分配包括什么呢?

1. 家庭预算的编制

为了有计划地组织家庭收入和分配家庭收入,调节家庭收支,应该编制家庭预算。一般来说,编制家庭预算的步骤是:

(1)确定预算期。预算期宜于与家庭收入的周期发生时间相一致。在我国,由于家庭收入主要来源于工资,因此预算期一般为一个月。农民家庭收入则以一年、半年或一季度为预算期。

(2)进行预算准备。主要是对本月、本季或本年的家庭收支情况进行分析总结,确定下一个月、下一季度或下一年家庭收支的基本指标。

(3)设计预算科目和编制预算表格。预算科目一般可设计为收入科目和支出科目两大部分,其中又再分为各种类。预算表格则反映家庭收支的指标体系、各项收支的数字和核算依据。一般可用预算收支总表来说明家庭收支的规模,收入的来源和支出的方法。

(4)审查和通过预算,预算表格编制出来以后,要进行检查审核,分析它是否符合家庭预算的目的和要求,项目是否完整,计算是否有差错,收支是否平衡。最后予以通过,付诸行动。

2. 家庭开支的分类

为了加强家庭开支的计划性,可将它分为四大类:

(1)固定开支。是指在一定时期内数目基本不变、无法省略的费用,如每个月的主食、房租、水、电和煤气费、交通费等。这些费用必须首先留出。

(2)非固定开支。是指在一定时期内必须用,但“弹性系数”比较大的费用,如每个月的副食费用、衣服费用、医药费用、文化娱乐费用等。这些费用可松可紧,可以精打细算。

(3)季节性开支。如到换季时,要考虑添置一些大件衣服;开学前孩子要交学费;入冬前的取暖、夏季降温费等等。

(4)积累性开支。如储存一些钱,达到一定的数额后,购置一些大件消费品如电冰箱、洗衣机,彩色电视机等。

3.家庭的智力投资

(1)家庭智力投资的内容和特点。

家庭智力投资的内容主要有以下几个方面:一是为家庭成员学习所交纳的学费;二是为了学习支付的文具费、书籍费、交通费等等;三是玩具、书刊、杂志等费用。

家庭智力投资的特点是:

层次性。家庭智力投资的对象是家庭成员,而一个家庭从年龄段看,一般是由父母和子女两个层次组成;从文化结构看,有小学、中学、大学、在职继续教育等。

连续性。这是由投资对象接受教育层次的不断更替和发展决定的。每一个人都要经过从小学到中学,再到大学或就业这么一个过程。这既是科学文化水平不断提高的过程,也是一个智力开发的连续过程,每一个阶段都需要智力投资。如果某一阶段中断,就会出现智力开发的断裂层,影响智力投资的总体效益。

广泛性。开发孩子的智力除了学校教育外,还有多种多样的方式。如利用郊游可以开阔孩子的视野,陶冶孩子的情操,丰富孩子的知识。

(2)家庭智力投资必须遵循的原则:

第一，量入为出，尽量满足的原则。家庭智力投资应以家庭的总收入为基础。投资的费用既要尽可能满足各种层次智力开发的需要，又要不影响整个家庭生活。在保持家庭经济状况基本平衡的前提下，为家庭长远计，应尽量扩大智力投资。

第二，按家庭智力结构的不同层次进行投资。有些家庭注意对子女的智力投资，而忽视了家长本身的智力投资。这种倾向一方面是子女智力投资过度，而效益差，造成智力投资的浪费。另一方面，家长智力投资不足，而影响了他们科学文化水平的提高，这容易造成家长对自己的本职工作不能胜任，影响收入水平的提高。在家里也难以担负对子女学习辅导的重任，收不到良好的教育效果。

第三，根据子女生理、心理的发展规律进行。

第四，根据儿童受学校教育的特点进行。在孩子上学的不同时期，有重点地进行智力投资，孩子的智力开发才不会受影响。

第五，效益性原则。家庭智力投资必须是有目的的，而且是有效的。一切无目的的智力投资都收不到好的效益，实际上是智力投资的浪费，会对孩子的教育产生不良影响。

4. 夫妻间消费观念矛盾的协调

夫妻两个人的消费观念不同，就会在如何支配家庭资金问题上产生分歧。要解决这个问题，首先应开诚布公地就消费问题进行讨论，在消费观念上先进行协调沟通。夫妻双方应该认识到奉养孝敬老人是晚辈应尽的义务，在这方面该花的钱必须花，宁肯自己节俭一点，也要保证让老人过一个幸福的晚年。再就是对亲友，有些必要的礼尚往来也是合情合理的。要注意量入为出，计划开支，切勿讲排场、要面子，送礼不能超出自己所能负荷的水平。在协调消费观念的同时，商量着制订一个家庭开支计划，根据轻重缓急合理安排消费。一般的日常开支可大体分为以下部分：

日常生活部分，如伙食费、房费和水电、交通费等等；

为购买大件耐用商品而储备的资金；

为防意外而储备的资金；

一次性支出的费用，如孩子学费等；

由各人自由支配的资金；

社交、赡养老人的费用。

夫妻可按照以上几方面的支出内容，根据自己收入水平做出计划安排。这样可以减少经济开支上的矛盾。

随着现代文明的发展，妇女经济地位的提高，现在还出现了一种新的夫妻经济关系模式，即 AA 制。就是夫妻各自收入自行掌握，家庭日常费用平均分担，其余的各人自由支配，互不干预。这种作法既可减少消费观念不同造成的冲突，又可以促使各人充分发挥自己的潜力，增加收入。但这种办法要求夫妻双方具有较高的素质，不是所有家庭都能实行的。在处理家庭经济关系中，只要本着平等、理解、宽容的原则，量入为出、民主协商、制订合理的家庭经济计划，使各不相同、互相排斥的消费观念相互补充、相互制约，就可以消除家庭成员间因消费而产生的冲突。

5. 理财方式

在家庭经济关系上，不论夫妻的收入谁高谁低，地位都应该是平等的。因此，家庭财务原则上应由夫妻双方共同管理，在理财权利上不应分出主次高低。但是理财的具体方式，却可在共同协商的基础原则下，因家而异，各有不同。下面列举几种通行的家庭理财方式，供参考。

(1)夫妻把工资收入放在一个固定的地方，双方各自随意取用。这种方式的好处是显得亲切自然，互无防备，互不干涉，取用自由且方便。但是也存在不可忽视的缺点。比如容易形成开支无计划、无节制，不利于家庭经济计划行事。这种方式的改进型是：先把当月的固定开支、必需开支以及储蓄金额按计划扣除单放一处，由一人主管；把余下的钱款作为日常零用，单放一处，两个人随用随取，做到大项开支有计划，小项零用有自由。

(2)由一方统理全家财权,另一方用钱时向对方临时索取。这种方式的好处是较易于严格按家庭计划行事,使另一方不为家务分心,集中精力于学习和工作;如果另一方有花钱手散的毛病,也有助于对其起限制作用。但是它的缺点也是很明显的,那就是如果一方管理得过死,或者对另一方过于苛刻吝啬,轻则影响另一方的正当用度,使其感到不便,重则使另一方产生抱怨不满,图谋"夺权",由此导致夫妻"内战"不休,家庭失和。这种理财方式,掌管财权者第一要做到民主合理,应当充分考虑到对方的合理花费,在条件允许的情况下,尽量满足对方合理需求;同时也要能够听得进对方对自己理财的批评意见。第二要出于公心,不能对人严对己宽,要珍视对方或全家对自己的信赖和委托,开支要严格按原订计划行事。第三要做到账目清楚公开,乐于接受对方或全家的监督。

这种方式的改进型是,把对方必需的日常花费预支给他(她),不要搞烦琐哲学。每一笔细小开支,都要先让对方报"预算",提出"申请",然后再酌情"批复"付给,或者"驳回"拒付。再一种方式是按"大集体小自由"的原则行事。即夫妻根据各自的收入、支出情况,双方共同议定各自每月应该交入"公伙"的金额,归为全家"大集体"当月的共同开支,各自余下的金额则属于个人的"小自由"部分,可以由个人全权处理。

这种方式的好处是明显的,不必赘言。有人认为这种方法显得"生分",不如大家伙用来得亲切。其实,这不过是一种习惯而已。这种办法虽然是"公留私用,节约归己",但是仍然能够也应该互通有无,相互支援,比如一方使用节约下来的"体己"为对方买点必需品,在对方生日或外出时买点纪念品,馈赠对方,这样不显得更亲切更有意义一些吗?只要夫妻之间互谅互让,平等和睦相处,不论采取哪种理财方式,都是可以的,不必拘泥于一种方式。

○协调婆媳关系是必修课

俗话说:“婆媳亲,全家和”。这话有双重涵义,一是说婆媳关系融洽与否直接影响着整个家庭中其他人际关系,如夫妻关系、亲子关系、兄弟姐妹关系以及祖孙关系;二是指婆媳关系是家庭内部人际关系中最微妙、最难处的一种关系。

婆媳关系可以说是中国家庭中的一个传统难题。在漫长的封建社会中,婆媳关系是一种不平等的人际关系,媳妇必须俯首听命于婆婆,没有独立、平等的人格尊严。“洞房昨夜停红烛,待晓堂前拜舅姑”是旧社会做媳妇艰难的生动写照。同时,“多年的媳妇熬成婆”,从而形成了一种妇女压迫妇女的恶性循环。如今,这种妇女压迫妇女的不良传统已被摈弃了。现代家庭中媳妇有独立的社会政治经济地位,婆媳关系成了一种平等的人际关系。但是也应看到,即使在今天,相处融洽的婆媳关系也并不十分普遍。

美国心理学家朱蒂丝·巴威克在《过渡时期》中写道:一个人越是信任这种关系,他就会觉得在这种关系中改变自己是一件可以应付自如的事。婆媳关系应该是一种信任的关系,这种信任应该是建立在互相理解的前提下,即对对方的生活习惯看得非常透彻。婆婆和媳妇都能做到善于发现对方身上的优良品质。婆婆能够接受媳妇的劝告,媳妇也能认真地听取婆婆的建议。这样婆媳关系才能更好。

1. 婆媳关系问题种种

(1)婆婆的“是”与媳妇的“非”。

在生活中,有很多家庭,婆媳之间是不讲是非的。婆婆认为,儿子是我养大的,连儿子都听我的话,何况是儿子“手下”的媳妇,不听我的,简直错翻了眼皮。既然儿子是婆婆生的,所以婆婆似乎理所当然地有了特权。这种特权使婆婆的身上笼罩着权威的光环,使她身上只有“是”,而没有“非”。

有一个性格温和的媳妇,她有一个性格很强的婆婆。一天,刚过中午,媳妇便到厨房准备晚饭。婆婆看见了,就说:“先别忙着做饭,帮你妹妹(小姑子)温习功课。她总是不专心读书,将来怎么会有出息。”媳妇照办了,第二天,过了中午,她没有去准备晚饭,而是去帮小姑子补习功课,两个人做数学题很用功。婆婆又说:“到了做饭时间了,还不去做饭。叫你妹妹一起做饭,死读书,读呆了怎么办?”于是,媳妇又去厨房做饭。这个媳妇很聪明,她不和婆婆争辩是非,因为争辩起来就要说婆婆今天一套,明天一套,不讲道理。而如果婆婆认为自己有理,保证不会服气,矛盾非激化不可。生活中有很多聪明的媳妇,当婆婆说她们做错事时,她会承认,并且认真检查,即使她没有错,也不会争辩,因为这是婆婆说的。

这个媳妇的做法是以宽容和忍耐对待婆婆。她心里有数,是非曲直,自有公论,无须直言自己正确而与婆婆争得面红耳赤。她的眼光是比较长远的。曾有贤人说:“只有仁者,好人好得很得当,恶人也恶得很得当,没有一点偏差之处。”可见,聪明的媳妇,都是比较明辨是非的仁者。她们既明察是非,却又具有宽大的胸怀。

(2)媳妇的“心思”与婆婆的“呵护”。儿子娶了新媳妇,家里又多了一个不是女儿的“女儿”。全家人也许都诚惶诚恐地维护这个外来人。但作为婆婆却多半不会像对待自己的亲生女儿一样对待媳妇,因为永远有一个事实存在:女儿听母亲的,而媳妇有时却是听儿子的。作为媳妇,初到一个新家,这里的父母已不是自己的亲生父母,而自己却要像对待自己亲生父母一样对待他们,自然会很不习惯。

一个新婚的媳妇说:“我来到这个家,渴望与新的父母很好地相处。我丈夫对我很好,我喜欢绛紫色,他便把我们卧室的窗帘、沙发布、床单都换成了这种颜色。我喜欢吃的东西,他也尽量满足我，我很感激他。尽管这样，我仍然有些不适应新家的生活。看到别的母亲带着她的女儿一起上街，我在心里便会想家。婆婆是个很懂事的人，也许是出于对他儿子的爱护，她对我很热情，一直叫我‘女儿’，并让我叫她‘妈’。可她叫我‘女儿’的声音非但没有引起我内心的激动，却勾起了我对母亲的思念。我想母亲很辛苦地把我养大，我现在却因为嫁人而与一个半路杀出的母亲生活在一起。不知什么原因，我总觉得很别扭。婆婆是一个很沧桑的人，她也许懂得，嘴上叫媳妇为女儿，未必就能带来真正的女儿情。有时，她虽然叫我很亲热，但我听出她是有意的。每当我向丈夫挑剔她时，丈夫总是随声附和，然后一点点地替他母亲辩解，最后，他母亲又成了一个完美的人。日子长了，我便采取一种守势，不说多余的话，不做多余的事。对于婆婆的事，我漠然置之，概不过问。”

刚刚过门的媳妇，对新家总有些不习惯，这是理所当然的事。很多媳妇都会像这位新媳妇一样，在刚结婚时，苦苦思索：结婚为了什么？结婚之初的憧憬哪里去了？随着时间的推移，她们慢慢就会对新家适应，对婆婆也相对适应。但这一切，需要的是理解。作为婆婆，对儿媳妇的“呵护”，就是让她能够在新家里觉得自然和轻松。

婆婆要这样想：别人的女儿到自己家中来，人家从前在家里可能娇惯了，冷不丁换个地方，一定会有孤苦无助的感觉，所以作为婆婆，应该大度一些，对她好一些，这样她才能逐渐减少心中的寂寞。婆婆的宽容，会使儿媳妇的心灵渐渐充满活力，并能很好地和婆婆相处。这样，婆婆无疑又多了一个女儿。

(3)“热”婆婆与“冷”媳妇。如果儿子娶了一个平素沉默寡言的媳妇，那么喜欢说话的婆婆肯定会觉得别扭。媳妇只顾做家务，做完该做的家务便去自己的房间看书看电视。婆婆原以为家里多个女人，可以多一个聊天说话的人，而媳妇却宁愿独处。一个喜静的“冷”媳妇，即使和婆婆说话，也无非是柴米油盐、孩子、物价等一

些琐事。媳妇的“冷”,一般来自两方面因原:

一是她看透了生活,对婆婆的个性也比较了解,所以她不与婆婆多谈无关紧要的事,以免生出是非,影响婆媳关系。这样的媳妇,多半是一个比较细心的人。

二是她从小在孤独中长大,已经习惯了一个人独处,过多说话,使她觉得无聊。这样的媳妇通常都是一个很粗心的人。

“冷”媳妇通常都不会主动向婆婆表示关爱,她就是有这种心思也是放在心里。“热”婆婆会觉得这样的媳妇很呆。因为她有时问媳妇几句话,却往往只得到一句回答。遇到“冷”媳妇,做婆婆的要理解她。因为这种沉默型的女人是不大注重感情的表达,她做任何事通常都是直奔目的。她虽然没有把她对婆婆的关心直接说出来,但她的做法却让人能够体会到。

2. 婆媳之争及其原由

婆媳之争,实质上就是两个“女人”之间的战争。

媳妇过了门,与丈夫如糖似蜜,而且在家中光彩照人,有很高的地位。大多数婆婆对媳妇并非妒嫉,而是为儿子得此佳丽高兴。但也有少数心胸狭窄的婆婆,对媳妇抢了她的彩头很眼红。她认为,媳妇没过门时,儿子对自己言听计从,现在儿子却对媳妇惟命是从,就连自己的老头子好像也很宠儿媳妇。

作为媳妇,对这样的婆婆就要加以防范,处处小心,才能使婆媳关系保持稳定而不至于恶化。最好的做法是要让婆婆认为,你在家庭中的地位不是与她相对比才产生的,你在家庭关系中并没有拔尖,而是处处让着她。如果她能够接受你的这层意思,那表明你们可以相处。如果她接受不了,那么你就要考虑分家居住。

如果你的婆婆只是气量小,你只要对她态度好,日子久了,她会友好地和你相处。如果遇到一位“老辣椒”式的婆婆,媳妇就要在关系还没有闹僵之前,及时离开婆婆分家居住。因为她是一个麻烦的女人,她会下意识地嫉妒媳妇,找媳妇麻烦。如果媳妇对她百依百顺，她会觉得善良可欺；如果媳妇和她针锋相对，她又会骂媳妇没教养。总之，婆婆与媳妇，因为都是女人，所以很难相处。

有这么一个故事：一位婆婆对一个哲学家说："我和儿媳妇关系非常融洽，毫无矛盾。我要她到东，她就到东，我要她到西，她就到西；我喜欢吃什么菜，她也喜欢；我认为某个邻居不好，她就从不和人家来往。我无论做什么事，她都没有异议。你看，我们婆媳关系是不是很理想？"哲学家说："其实你们的关系并不理想，因为在你家里，你的儿媳妇是多余的。"

哲学家的意思是说：世上并没有无论什么事都绝对一致的婆媳，这个婆婆若不是伪君子在说谎，那么她的儿媳妇就是个白痴。在生活中，人与人之间是有差异的，婆媳间也有必不可少的差异。这些差异如果处理得当，婆媳之间便会因差异互补而没有冲突，如果处理不好，这些差异便是矛盾的交汇处。

婆媳之间因差异而产生冲突，主要有：

——为家务劳动而产生冲突。在这个冲突中，有的是因谁做的多少而产生冲突，有的是因做事的方法而产生冲突。

——为日常琐事而产生冲突。有时是因为一句闲聊的话，有时是因为一个人多吃了一点好东西，有时是为了一个人说话不中听或者脸色不中看而产生冲突。

——为孩子教育问题发生冲突。由于世界观不同，指导思想、教育方式不同，所以在教育孩子的时候，一个人主张这样做，而另一个人却主张那样做，虽然都是出于把孩子教育好的同一目的，却也会发生冲突。

——为经济问题发生冲突。持家理财，是婆媳两人的争执焦点。儿子从外面赚回钱来，以前交给母亲，现在交给妻子。所以婆婆会说媳妇是"吃官饭，攒私钱"。在家庭开支问题上，也容易发生冲突。因为年轻人开销比较大，而老年人花钱的地方比较少。特别是用在娱乐方面的开支，老年人心疼，而年轻人却在所不惜。婆媳同在一个家庭中生活，有共同的归属，自然也就有着共同的经济利益，双方也自然都希望家庭兴旺发达。这是婆媳利益一致的一面。但同时也常常在家庭事务管理权、支配权等方面发生分歧。有的婆婆虽已年过花甲，却仍希望继续保持在家庭中的经济支配权，或者难以接受完全由媳妇掌握家庭经济大权的事实；而做媳妇的也往往不甘让步，这就难免发生矛盾。

——为性格、脾气不合而发生冲突。如果两个人一个是火爆脾气，一个是温柔性格，婆媳二人还有可能合得来。如果两个人都是火爆性子，沾火就着，那么两个人的冲突必不可免。如果两个人都是慢性子，那么自顾自生闷气的时候会多。

——因生活习惯发生冲突。个人的生活习惯不同，有的不喜欢早起，有的人喜欢睡到日出三竿；有的人喜欢吃甜食，有的人喜欢吃辣味。如果婆媳之间不能做到求大同存小异，那么冲突就会发生。

——为了邻居交往发生冲突。婆婆讨厌左邻那家人，与人家见面都不打招呼。媳妇却有博爱的心肠，认为邻居相处和为贵，经常主动与左邻的家人打招呼。婆媳之间难免冲突。

——因家庭关系的特殊性发生冲突。家庭的基本关系有两种：一是夫妻关系，一是亲子关系，两者构成了家庭结构的基础。其他关系，如兄弟姐妹关系、姑嫂关系以及婆媳关系、祖孙关系都是在此基础上派生出来的。婆媳关系在家庭人际关系中有其特殊性。这种关系一无亲子关系所具有的稳定性，二无婚姻关系所具有的密切性，它是由亲子关系和夫妻关系的延伸而形成的。如果处理得好，婆婆和媳妇各自“爱屋及乌”——婆婆因爱儿子而爱媳妇，媳妇因爱丈夫而爱婆婆，各得其所，关系就会融洽。但是如果婆媳二人经常厚此薄彼，就会产生冲突。

——因中介失衡而发生冲突。在婆媳关系中，儿子起着十分重要的中介作用。儿子的这种中介作用如果发挥得好，则可以加强婆媳之间的情感联系，反之则容易成为矛盾的焦点，出现“两面受敌”的困境。夫妻观点的一致性往往要超过母子观点的一致性。这是因为儿子和母亲相隔一代，在心理上存在着差异，这就容易造成儿子中介作用的失衡。如果母亲不理解，就会产生“娶了媳妇忘了娘”的心态，误认为儿子对自己的感情被儿媳夺去了，而迁怒于儿媳。

总之，婆媳关系中，矛盾是不可避免的。原因就是婆媳二人的年龄不同而导致处世方法不同；文化素质不同导致教养和人生价值观不同。婆媳发生冲突，最主要的还是因为二人的“胸襟”。宽阔的胸襟对减少婆媳之间的冲突起着很大作用。

3. 婆媳之间的非理智语言和行为

在家庭中，婆媳之间产生的非理智语言和行为仅次于夫妻。一篇记实文章中写道：胡老太太和她的儿媳妇阿艳一大早准备去公园。临行前，胡老太太见天上飘着硕大的乌云，便对阿艳说：“阿艳，你带上两把伞，我看天好像要下雨。”

阿艳说：“没事，天气阴一点，过一会儿就会好的。天气预报说没有雨。”

胡老太太说：“别没事，天气还有准？说下就下。天气预报也不那么准，还是带上点好，以防万一。”

阿艳说：“天还没下雨，带两把雨伞多累赘。再说东西带得太多，把游兴都弄没了。”

胡老太太很不高兴地说：“游兴要紧还是身体要紧？叫雨淋出病来吃药打针，看你还有没有游兴？”

阿艳也很不高兴地说：“今天一定不会下雨。即使下雨，公园里也有躲雨的地方。”

胡老太太气恼地说：“你说得倒轻松，下起雨就来不及了。就像上次叫你去火车站接你二姨，你非说火车改时间了，结果害得你二姨在车站等了 3 个小时。”

阿艳提高了嗓门:“那天的事与今天的事根本没联系,你别扯在一起好不好。”

胡老太太也叫道:“你跟我喊什么?怎么没关系,这说明你说的话都不准。”

阿艳叫道:“你这是强辞夺理。”

胡老太太叫道:“你这是胡搅蛮缠。”

两个人由此闹僵。结果公园没去成,两个人都对对方有气,甚至几天都不与对方说话。这样的婆媳对话,在家庭中很多。原因就在于婆媳之间自认为与对方很熟,说话时不加考虑,所用的都是非理智性语言,结果导致非理智行为。

婆媳之间为什么会产生非理智语言和行为呢?原因有:

(1)不善原谅,总找对方毛病。这种行为表现为对对方的所作所为吹毛求疵,以挑出对方毛病为快事。

(2)语言和动作情绪化。医学研究表明:一个人在情绪激动情况下,其理智的思维能力几乎为零。在家庭中,由于婆媳日日相处在一起,比较熟悉,有时候说话做事并不考虑对方的承受能力,很可能会因为一句话而使对方情绪激动。情绪激动的一方若任由自己的怨气任意发泄,就会失去理智地对对方横加指责,所使用的都是恶言恶语,所做的事也令人难以接受,只为一时的痛快,完全不想有什么后果。

(3)先入为主,带着偏见看问题。生活中,有很多婆媳都带着偏见或者一种时尚去看对方,给婆媳相处带来了很大困难。如有的婆婆认为:“媳妇就应侍候婆婆,听婆婆使唤”;有的媳妇认为:“婆婆没生我养我,我为什么要听她的。”于是,婆媳便对在家庭中应尽的义务,互相推诿、指责。

(4)语言没有逻辑性。没有逻辑性的语言,是指婆媳之间那些答非所问,顾左右而言它的语言。如媳妇说婆婆:“请你不要总给孩了买玩具,孩子玩起来会耽误功课。”婆婆说:“你没有资格指责我，你自己在督促孩子学习功课上费过多少心思?”本来是一件买不买玩具的事，结果转换到督促孩子学习上。

婆媳之间非理智语言和行为，主要是婆媳二人缺少理智思维，任由自己的性子说话做事。

若想改变这种局面，婆媳二人就要仔细反省自己的言行，努力把那些失当的语言和行为改掉，以达到婆媳之间能够很好地沟通。另外，要在对方表现出非理智性语言和行为倾向时保持冷静的头脑，而不是以牙还牙。宽容是避免非理智行为的最好方法。

4. 婆媳之间理解万岁

什么是理解?理解就是在知道怎么回事的情况下的宽容。理解，根源于纯净善良的心，发于豁达美好的情。在生活中，很多婆婆都在说媳妇不理解她的一片苦心;很多媳妇也在说婆婆不理解她的孝心。她们都是在要求别人理解的时候，却没有想到自己怎样理解别人。

理解要用“心”，宽容的心，善良的心。理解还需要技巧，一种聪明得足以令人心灵震撼的技巧。美国心理学家尼尔柏特发现:在评价某种行为时，观察者过分估计了行动者素质的因素，而行动者则过分估计了情境的因素。这句话用在婆媳关系中，就是说:媳妇在做某事时，婆婆过分盯着媳妇的素质因素。而媳妇做事，实际上根本没有受到素质因素的影响，她只是受情境的支配。这样婆婆当然不会理解媳妇，反之亦然。由此可见，婆媳对同一事物，由于居于不同地位，不同角度，会做出不同的分析，最终则会导致相互的误解。所以，婆媳之间想要“理解”，就必须逾越这条由于素质不同而产生的鸿沟。

在这种情况下，婆媳之间要做到相互理解，就要掌握理解的具体技巧和方法。

(1)面对事实，冷静分析，不先入为主。不论婆媳哪一方，想要理解对方，就不要对其所做的事情轻下结论，而应经过一番细心的观察，认定准确无误后，再下结论。

(2)将心比心，将自己放在对方的位置上想一想。这种方法，是将自己的心理和思维位置与对方互换，以此来理解对方的行为。作为婆婆可以想象到媳妇追求“美好”的甘苦；作为媳妇可以体味到婆婆对自己“紧张”的心情。

(3)忍。这个“忍”很重要，其中有克制自己之忍，主要体现在克制自己误解别人的行为和语言上，还包括容人之忍，也就能够使自己做到宽容对方，并且体谅对方的难处和苦衷。

5. 婆媳相处成功的经验

一位女士道出她与婆婆相处的成功经验。她说：“我婆婆退休时是位处长，爱干净，爱干活，爱说爱笑，爱读书看报看电视，关心家事国事天下事，也关心家长里短别人家出什么事儿了，属于比较外向的人。我，性格表面外向其实心里有数，擅说甜言蜜语，特长是小恩小惠。我和婆婆住在一起 4 年了，算是相处融洽，我都快被小区的婆婆们当榜样教育自己家儿媳了。下面是我与婆婆的相处之道：

首先，要确定婆婆不是敌人，非敌即友。但是这个‘友’也是有分别的，不是无话不说的亲密好友，而是相关利益需经常联络的‘朋友’，见面热情寒暄可是不说心里话。婆婆是老公的妈，和媳妇可没‘过命’的交情，又不能不相处，不尊重，那么保持一定距离的‘朋友’关系就比较妥当了。

其次，要在婆婆面前保持自己的个性。有什么坏习气最好别藏着掖着，光明正大并且自己不当是坏毛病的显示出来，婆婆就算是看不过眼也只好解释为‘她就那个脾气’，不太较真了。否则，狐狸尾巴不小心露出来，婆婆背地里的怪话可就不好听了。比如，我有个坏习惯，喜欢把衣服、袜子等等全塞到洗衣机里，一周洗一次，婆婆就很看不起我这种习惯，可是我大大方方一点都不以为羞，婆婆就拿我没脾气，只能解释为‘现在的年轻人都这样’。

再次，要经常提醒自己：'婆婆是老公的亲妈，看在老公的份上我也不能和她计较太多。'这话要在婆婆有什么令自己不满意的时候在心里默念3遍，以避免自己当场发作和婆婆理论，不至于使矛盾爆发不可收拾。这话念多了城府深到婆婆当面指责你，你都面不改色，全当她的话是在夸你了，提醒自己这句是玩笑，别当真。其实就是一句：别和婆婆有正面冲突。

再就是居家小事的处理问题了，当然经济是基础。

生活费：婆婆们那一辈吃过苦，受过穷，一般对钱比较看中(嘴上说不看中的往往最计较了)，所以最好依据自己的承受能力按月给一些生活费。无论钱多钱少，都会令婆婆很高兴，这是对婆婆的起码尊重和含蓄的养老承诺。

过节费：过节费也必不可少。春节、五一、中秋、十一、元旦，再加公婆生日，最好都略有表示。即使只买只烧鸡回家呢，要的是这份心意。

其他费：要隔三差五地买点水果、饮料、肉、鱼等等东西，让婆婆知道媳妇也很关心这个家。去年夏天，我每天扛个西瓜回家，楼里老太太们个个夸我，我婆婆也很开心，觉得荣誉在她，她会调教媳妇嘛。

经济账一定不要和婆婆计较。只要想想婆婆为你生养了个好老公，给婆婆多少钱也不算多啊。再说，婆婆也不会把钱乱花掉，以后还不是再给回来(这好像有点小人心理)。一般经济账平了，家庭矛盾就少了70%。

和婆婆家人亲戚们(如姑姑、大爷、大姑子、小姑子、大伯、小叔之类)也要搞好关系。这些都是面子上的事。如果我们可以和单位的一个不太喜欢的同事保持面子上的和平友好，那么和这些跟老公有血缘关系的人也一定可以友好邦交。”

6

孩子永远是家庭的中心

对孩子的教育渗透在与孩子相处的分分秒秒之中，每一件小事都可能成为造就孩子美好品格的契机。

——题记

○教育孩子是家庭大计

俗话说“十年树木,百年树人”。在当今社会,随着生活水平的提高和思想观念的转变,对子女的教育受到了普遍重视。每位家长都望子成龙,望女成凤。然而,教育孩子是一门高超的艺术,家长的急切心理有时会起反作用。

1. 教育孩子的秘诀

(1)教育孩子七个时机:

——对某件事物有兴趣的时候。

——孩子有较大过失的时候。

——遇到困难或失败的时候。

——受委屈的时候。

——获得成功的时候。

——有较大活动的时候。

——一件新的事情、新时期开始的时候。

(2)素质教育需要“五心”:

素质教育是人生的启蒙教育,它将对孩子的一生产生深远的影响,必须具有爱心、信心、细心、耐心和恒心。

——爱心是实施婴幼儿素质教育的基础。

——信心是家长实施婴幼儿素质教育的力量。

——细心决定婴幼儿素质教育的质量。

——耐心是使婴幼儿教育得以持续的保证。

——恒心决定婴幼儿教育成效的大小。

(3)合格父母的十条标准:

家庭是孩子的第一所学校,父母是孩子的第一任老师。如何

当好孩子的第一任老师有以下十条标准:

——孩子在场,不吵架。

——对每个孩子都给予同样的爱。

——任何时候都不要对孩子说谎。

——父母之间要相互谦让,相互谅解。

——父母与孩子之间要保持平等关系。

——孩子的朋友来家做客时,要表示欢迎。

——对孩子提出的问题,要尽量全面答复。

——在孩子的朋友面前,不要讲孩子的过错。

——注意观察和表扬孩子的优点,不要过分强调孩子的缺点。

——对孩子的爱要稳定,不要动不动就发脾气。

(4)教子七忌:

——忌挖苦。比如:“白吃了几年饭,一点也不知害臊!”“你当然比我‘聪明’得多!”

——忌比较。比如:“你和×××比,相差十万八千里!”“你和×××一样没出息!”

——忌告状。比如:“我管不了你,叫你爸爸来教训你!”、“走,到你们老师那儿去!”

——忌预言。比如:“我看你啥也学不好!”“你早晚得蹲监狱!”

——忌记账。比如:“好,你记着,看我怎么收拾你!”

——忌挑战。比如:“好!看看到底是你说了算还是我说了算!”

——忌驱逐。比如:“不愿听我的话,就滚出去!”

2. 批评孩子要讲艺术

要想取得教育孩子的良好效果,就得讲究批评的艺术。

(1)注意尊重孩子。有些家长受传统家族教育的影响,往往有很强的惟我独尊意识,与孩子不是在平等的位置上。批评时态度粗暴、言语尖刻，伤害孩子的自尊。批评刚刚开始，双方已出现了严重的心理壁垒。有经验的家长很注意“真理面前人人平等”的原则，要让孩子感觉到其中的慈爱之心。尊重孩子的人格，使他自动消除对待批评的自我防护意识，为转化矛盾扫除心理障碍，从而形成宽松的谈话氛围。

(2)注意地点与场合。大多孩子都很爱面子，如果在公共场合，当着其他孩子的面受到责罚、辱骂甚至殴打，就容易形成对立情绪，即使他知道错了，也会宁折不弯，强词夺理，甚至与你对着干。所以，在公共场合教育孩子要讲究批评的环境艺术，注意给孩子“下坡的台阶”，让他把偏激情绪平息一下，换个地点再个别谈话，这样容易取得预期的效果。

(3)注意看孩子的优点与长处。有人看孩子，“横挑鼻子竖挑眼，左看右看不顺眼”。其实这不仅是教育观念问题，也是教育水平问题。即使孩子犯了错误，批评时也要用“两分法”，既看到错误缺点，又看到长处优点。家长必须善于挖掘孩子潜在优点，批评前多作调查分析，给孩子申述的机会，以便分清是非，以理服人。

(4)注意点到为止，不翻旧账。孩子对家长的批评，最怕的就是唠唠叨叨、没完没了，把孩子多少年以前的老账反反复复絮叨没完。昨天已经认了错，而今天又要翻旧账，使孩子灰溜溜不知何日能挺胸抬头做人。最有效的批评应该言简意明，点到为止，对于这样的批评，孩子会牢记终身。

3. 陶行知教育学生一例

教育学家陶行知先生当年任育才学校校长时，一天他看到一名男生用砖头打同学，遂将其制止，并责令他到校长室等候。陶先生回到办公室时，见男生已在等候，他掏出一块糖果给他：“这是奖励你的，因为你比我按时到了。”接着又掏出一块糖果：“这也是奖励给你的，我不让你打同学，你立即住手了，说明你很尊重我。”男生将信将疑地接过糖果。陶先生又说：“据了解，你打同学是因为他欺负女生,说明你有正义感。”陶先生遂掏出第三块糖给他。这时男生哭了:“校长,我错了,同学再不对,我也不该采取这种方式。”陶先生又拿出第四块糖说:“你已认错,再奖你一块,我们的谈话也该结束了。”

不到5分钟的谈话,却让男生心服口服,一生难忘。让我们回过头来,细细品味每块糖果的味道:

第一块糖果,奖励遵守时间的好习惯,甜;

第二块糖果,奖励尊师爱长的好品质,甜而酸;

第三块糖果,奖励见义勇为的精神,甜、酸而苦;

第四块糖果,奖励主动承认错误的良知,五味俱全。

在四块糖果的背后,陶先生不同凡响的功力还表现在:

第一,看到并制止打人事件,但事后并未围绕“打人”谈话;

第二,及时进行调查工作,谈话有备而来;

第三,谈话超乎心理定式范围,使男生解除心理反抗,情感因素起作用。

第四,从过失中发现优点,心态平和,手法细腻,实事求是。

通过谈话,男生不仅认识了错误,也强化了优点,同时感受到的是理解和鼓励,进而还可从校长身上学会处理问题的方法。

孩子毕竟是孩子,他们有自己的人格尊严,也有自己的思维方式。对于他们,我们不能用简单粗暴的方法,那样只会使事情越来越糟。应该在充分了解孩子心理特点的基础上,想出巧妙的办法引导、教育孩子,既能使孩子容易接受,又能顺利解决问题。

教育是一门艺术,这门艺术是无止境的。面对孩子,大人们要做的事情确实还有很多很多。

○教育孩子的两个重要时期

幸福的家庭给孩子的是一个健康的心灵!

人的一生会经历许多的关键时期,在这期间,他们会面对生命旅程的抉择、转变。他们每走一步,或对或错,都可能对今后的人生道路产生巨大的影响。对于一个未成年的孩子来说,最重要、最关键的时期可能就是幼儿园时期和青春期了。前者是一个新生命初次接触社会生活,初次接触团体生活;后者是一个孩子处于向成年人转变的敏感时期,因为他们马上就要以一种全新的姿态面对社会,而社会对他们的要求也接近于对成年人的要求。因此,这一时期他们容易产生各种心理问题,对他们要格外关注。

1. 幼儿时期的教育

(1)何时上幼儿园最好。每个当妈妈的,都经历过一段艰辛的育儿时光,有一段时间几乎都很向往孩子上幼儿园,当这个时刻真正到来时,又不可避免会忧心忡忡, 顾虑重重。

何时上幼儿园最好?答案不是惟一的。但有一点是肯定的,太大或太小上幼儿园都是不妥的,根据不同身体素质和自理能力,以两至三岁为宜。

孩子太小如两岁以下,孩子生活尚不能自理(如吃饭或大小便),除非生活所迫,如:保姆换了无数个、老人又不能帮忙……否则,请继续再辛苦几个月吧。如果是为了让宝宝早受教育,那任何一个幼儿园,对于三岁以下幼儿都是保育为主,教育为辅的,保育和家里是不能同日而语的,要锻炼孩子,至少等孩子能自己吃饭或喊大小便再锻炼吧。对教育而言,幼儿园是提供了一个学知识的环境,但更多的还得靠父母,尤其是智力开发和 EQ 训练。况且从身体上看,孩子太小,免疫力还不够强,抵抗力差,在幼儿园这样的易交叉感染的环境是不适合的。从心理上看,太早让孩子离开亲人的悉心照看,不利于建立孩子的安全感、自信和乐观的人格,所以,在国外一般三到四岁才能上幼儿园,稍小一点的只能上社区保育园(托儿所)。

孩子满三岁了还继续生活在家人的溺爱中,还没有上幼儿园的打算也不好。这样的孩子往往会因为一直缺少集体生活的体验,不仅个人自理能力得不到锻炼,且由于受到娇宠,与上幼儿园的孩子相比显得自私、胆小、不合群,不善于与别的小朋友交往,少了许多与同龄孩子嬉戏的快乐,也少了许多学习各种知识的机会。除非父母有一个不工作,专职照顾孩子,有一定学识担任教育的任务,并能适当提供孩子与其他小朋友交往的机会,否则,一直在家不上幼儿园,对孩子身心的健康成长是极为不利的。

(2)游戏教育。游戏是孩子的天性,每个孩子对此都乐此不疲。一个善于教育孩子的家长,一定不会放弃在游戏中教育孩子的机会。在游戏中发展孩子的创造力,那才是真正地寓教于乐。下面介绍几个小游戏:

——听词语,拍手掌。

①游戏目的:培养孩子的归类能力,提高孩子的注意力。

②游戏方法:给孩子读一组词,让他认真听。规定某一标准(如类别、用途、生活习性等),当听到属于这一标准的词时,就拍手。年龄小的孩子,所读词语数量不宜过多,词意要简单。随着年龄的增长,可以增加词的数量,标准难度提高,拍手的方式变换(如由拍一次变为拍两次)。

听到动物就拍手:猫、桌子、钱包、狗、老虎、苹果、大象、台灯、茶杯、螳螂、麻雀……

听到能装水的词就拍手:盆、电灯、桶、棍子、碗、壶、桌子、盘子、铅笔、书、瓦罐……

听到水里的动物就拍手:鲤鱼、老虎、青蛙、鸡、鸭、长颈鹿、鲸鱼、鲨鱼、海豹……

听到可以写字的东西就拍手：钢笔、尺子、橡皮、铅笔、球、毛笔、钱包、手表、硬币、笔、三角板、蜡笔……

听到食物拍一下手，听到动物拍两下手：巧克力、铅笔、蛋糕、企鹅、电灯泡、连环画、马、骆驼、冰棍儿、汽车、玩具手枪、苹果、兔子、花生、鸡、眼睛、碗、盘子、米饭、孔雀、狼、手表……

这样孩子在掌握词的分类基础上做出正确反应。正确率越高，说明听觉注意越好。

——听指令，反着做。

①游戏目的：训练孩子的判断、反应能力，学习相反词。

②游戏玩法：由家长说出一个词，孩子做相反的动作。起初可以只用一对相反的词，孩子较大时，就可以用两对、甚至三对相反的词。比如：家长说“大圆圈、小圆圈”。孩子听到“大圆圈”用两只手比成小圆，听到“小圆圈”，用两只手比成大圆。家长随意排大、小顺序。

“大圆圈，小圆圈。长大了，变小了。”孩子听到“长大了”就蹲下，听到“变小了”就举起双臂。由家长随意排列大、小顺序。

“向前跑、向后跑、大圆圈、小圆圈、长大了、变矮了。”孩子听到“向前跑了”就倒退，听到“向后跑”就前进。由家长随意调整这些词的顺序。

③要求：孩子在正确理解反义词的基础上，能正确反应，正确率越高，说明听觉注意好。

④说明：以上游戏，可由孩子来“发号施令”，家长严格按照规则来做，以增加游戏的趣味性，发展孩子的学习能力，要注意孩子在游戏中提出的问题，给孩子思考的空间。

——猜谜语。

①游戏目的：促进孩子对图形的认识能力，培养孩子的概括能力。

②游戏玩法:请你猜猜看,它的形状是什么?

手拉手,3 条边,3 个角,尖又尖。(三角形)

两条长边一样长,两条短边也一样长,4 个角一样大。(长方形)

4 个角一样大,4 条边一样长,四四方方像手帕。(正方形)

像圆不是圆,样子像鸡蛋,请你猜猜看。(椭圆形)

——找错误,当裁判。

①游戏目的:训练孩子的分析、判断能力,促进亲子之间的感情。

②游戏方法:家长对孩子说:“我说的每句话都有不对的地方,你来帮我听一听,把错的地方指出来。”当孩子指出错误时,再让他说出正确的词句。

例:象的个子小,可是力气非常大。

火车可以在公路上开。

春天,知了在树上叫。

水结了冰,就变成了石头。

乌龟是六只脚,蚂蚁是四只脚。

晚上下雨的时候,可以看到月亮。

——会变的图形。

①游戏目的:发展孩子的思维、想象力及创造能力,丰富孩子的绘画内容。

②游戏方法:家长在纸上任意画出各种各样的图形(圆形、椭圆形、三角形、正方形、长方形等),家长引导孩子随意在图形上添画。

如:把圆形添画成太阳、橘子、苹果、花朵……

把椭圆形添画成鸡蛋、橄榄球、镜子……

把三角形添画成彩旗、支架、头巾……

把正方形添画成桌子、椅子、手绢……

把长方形添画成床、被子、枕头……

家长鼓励孩子画得越多越好,想象的内容越丰富越好。

——好看的云朵。

①游戏目的:发展孩子的观察能力、想象能力,培养孩子欣赏美的情感。

②游戏方法:在天气晴朗的日子里带孩子到户外游戏,与孩子一起观看天上的云朵。鼓励孩子大胆想象云朵像什么?在干什么?如:有的云朵像流星、像动物、像植物、像人物……有的云朵在游动、在奔跑、在与太阳做游戏……

——半个月亮做什么。

①游戏目的:发展孩子的想象、创造能力,促进亲子之间的感情。

②游戏方法:给孩子一个半月形的物体问孩子:“我们能用它做什么?”把自己假扮成小朋友,和孩子一起设计该物体的用途,鼓励孩子勇敢地想象、创造。

孩子就像一块巨大的海绵,不停地从他们的周围或主动、或被动地接受各种各样的影响,正面的、负面的,年幼的他们没有足够的辨别力,家长必须帮助他们,为他们健康成长成才创造良好条件。

(3)情景教育:

有一个快乐的妈妈,因女儿,生活变得美丽、丰富多彩。她与孩子在一起时,都尽可能不放过任何一个培养造就孩子的机会。她称这为“情景教育”。当看到女儿因为她自己的有心而变得开朗、大方、与人为善,而且拥有了很多美好的品格和好的习惯时,她觉得她的心在歌唱。下面,就是她从日常生活中的几个场景来向家长们展示情景教育的含义,相信它们会对你有所启发。

情景 1:造就孩子友好、大方、慷慨的品格。

一天,我带女儿去姥姥家。火车开动了,两岁的女儿兴奋得不得了。她惊奇地问我:“妈妈,火车为什么自己就会跑呢?”周围的人被她的天真逗笑了。我给她解释着。我们的前排有一个比她大一些的小男孩,我便问女儿:“晓晓,你愿意和那个小哥哥分享巧克力吗?”“愿意。”她高兴地回答。我拿出两块巧克力,鼓励她给小朋友送去,并告诉她,火车比汽车要平稳,可以在车厢中走动。她把巧克力送给了那个小男孩之后,他的妈妈礼貌地让他送橘子给我的孩子。这正是我希望的结果。我抱起女儿,亲着她的小脸说:“你看,你把好东西拿出来与别的小朋友分享,他们就把他们的好东西与你分享。你看,你就有两样好东西了。你对别的小朋友好,他也对你好,是不是?”女儿高兴地点点头。于是,两个小朋友开始有了交流。短短的路程,他们分享了各自所有的好吃的,互相通报姓名,并且用孩子的特有的方式沟通。

情景2:培养孩子的自信心

一个好朋友送给女儿几张漂亮的贴画,女儿高兴极了。“妈妈,您帮我拿下一个来。”她指着一个正在啃骨头的小狗对我说。“好。你要小心一点,看好方向,别贴坏了。”我边取下来递给她边说,她正兴奋着哪,哪有心思注意我的话。从我手中拿走小狗,看也不看就飞快地贴在了她的书上。我一看,岂止歪,都快倒过来了。我一下子就不耐烦了,大声训斥她说:“你看!你看!告诉你的话从来不听,你看,贴坏了吧。你会做什么呀!”同时还生气地用力指点她贴坏的画。女儿赶忙用手去揭贴画,“揭不下来了!”她还是用劲地揭着,想挽回些什么。哧的一声,书被粘掉了一块。我更是生气地指责她。“妈妈,对不起。”孩子胆怯地把头靠向我……我突然意识到,我在做什么呀!赶紧改口说:“没关系,我们再重新贴一张好吗?”我又拿下一张递给她。“妈妈,您贴吧,我看着。我不会贴。”“没关系,你只要小心点就行了。刚才你只是没有注意,再试一次吧。”我再三的热情鼓励,她才不情愿地从我手里接过贴画,小心翼翼地贴在书上,仍然有点歪,我拍着手热情地表扬她,“真棒！真棒！”女儿的脸上露出了笑容，但我从她的眼神里仍能看到被我不小心撕碎的自信。

接下来的几天，我都特意安排一个时间跟女儿玩贴画的游戏。并拿出她的成果比较，大声说：“这是谁做的？怎么贴得这么好？！”她会抬起头兴奋地看着我说：“是您的女儿呀！”

你可能已经发现做一个快乐的妈妈并不是一件难事，只要你肯用心，抓住每个造就孩子的机会，认真利用与孩子在一起的时间，就能有好的效果。

2. 青春期教育

对处于青春期的孩子来说，教导不是最重要的，重要是要避免对他们的误解，在此基础上，因势利导，稍加教育，便可收到事半功倍的效果。

(1)对“青春期”同伴交往的几种误解。“青春期”的同伴交往可能是一个让青少年和他们的父母都感到困惑的问题。不过，两代人困惑的内容并不相同。

令家长们迷惑不解的是孩子的行为：为什么心中有话不向父母倾诉，却愿意与同伴分享？为什么对父母的经验之谈、肺腑之言听不进去，而对年少无知的小伙伴却言听计从？

让青少年们感到苦恼的是与同伴交往中的疑难：为什么找不到知心的朋友？怎样才能得到同伴们的接纳？与朋友闹矛盾了，如何和好？自己喜欢的朋友，父母为什么老看不顺眼？

两代人都关心自己心中的疑惑，而不太在意对方的苦恼，因此即使想沟通，也往往话不投机。长此以往，家长与孩子之间就形成了一道隔膜，既影响家庭的和睦，又妨碍孩子的健康成长。

要改变这种局面，家长无疑负有更大的责任。未成年的孩子并没有多大义务去解决父母的上述疑惑，但是父母却有责任去帮助孩子解决难题。父母首先必须澄清对“青春期”同伴交往的几种误解，才能更好地理解孩子在这个时期的心理和行为。

误解一——除了学习和锻炼身体，孩子在其他方面没有必要花太多时间与同伴在一起。绝大多数处于“青春期”的青少年都在上中学。在不少父母看来，孩子这个时期的主要任务就是长知识、长身体，因此同伴交往也要以此为中心。中学生不应该玩耍，因为那是小孩子的事；中学生也不要去考虑什么情感问题或人生问题，因为那是大人的事。基于这种认识，许多家长只鼓励自己的孩子与同伴一起学习、一起锻炼，却不赞成他们与同伴一起玩耍，更不愿意他们与同伴在一起“胡思乱想”，讨论一些与学习无关的“不着边际”的问题。

这种有选择地交往的主张似乎很理智，但是却不符合青少年此时的心理特点，很难行得通。不错，中学生确实是要长知识、长身体，他们因此而需要学习型的同伴关系（如学习小组）和课外活动型的同伴关系（如一起踢足球），但是，这还不够。一方面，中学生毕竟还不是成年人，还保留小孩子的一些心态，还需要共同玩耍的伙伴；另一方面，中学生又正在长大成人，他们需要一个知心的同路人，一起来确认自己的身份特征，一起去了解将要走进的成人世界。这两方面的需求使得他们需要建立友谊型的同伴关系。对中学生来说，友谊型同伴关系是心灵成长的需要，可能比前面两种同伴关系更加重要，他们也会为此而花更多的时间和精力。

误解二——青少年有疑难时应该找父母，同龄人年少无知，提供不了什么帮助。在一些家长看来，最了解孩子的是父母，最关心孩子的也是父母，因此父母是孩子寻求理解和支持的最佳对象，青少年如果对情感和人生问题有什么疑惑，应该向父母请教。同龄的伙伴一样缺乏人生经验，自己都充满困惑，与他们交流这类问题，顶多是同病相怜，不会有什么好处。

这种想法，恰恰说明一些家长并不了解自己的孩子在青春期的心理变化。对于生活，这个时期的青少年更重视亲身体验，而非间接经验。他们最需要的是心心相印的朋友，而不是经验丰富的向导。当然，他们也会向家长和老师请教，向书本请教，但是，间接的学习代替不了自己的探索。作为一道探索的同伴，同辈群体的一些功能是父母无法替代的。这些功能主要有：探索自我，确立新的自我概念。在父母眼中，孩子永远是孩子，因此，一般情况下，父母很难帮助青少年确立新的身份，同伴群体却可以做到。寻求理解和支持。这种支持主要是提供群体归属感，为青少年特有的心理和行为提供合法性，不一定是具体问题上的帮助。青少年在同伴关系中获得自己的地位和声望，对他们来说，这种地位可能比家长的认可和老师的称许还重要。克服孤独，提供情感上的支持。一些研究发现，青少年面对的最大的问题之一是孤独，他们比成年人甚至老年人更加孤独。这些功能表明，青少年的同伴友谊远远不是同病相怜那么简单。

心理学的研究发现，青春期一个重要的心理需求是拥有关系密切的朋友，一同分享内心的情感，一起分担成长的烦恼。青春期之前，青少年较多地向家庭寻求支持，更愿意向父母坦露自己的情感，在青春期，他们转向同辈群体寻求支持，对朋友的自我坦露增加。他们需要有密切的朋友来陪伴自己、支持自己、理解自己、关心自己。

友谊对中学生之所以如此重要，原因之一是青春期的青少年对自己有一种不安全感和焦虑感。他们的人格还没有定型，身份还没有确定，很容易受到伤害。因此，他们与身边的朋友聚在一起，相互支持，为他们自己建立一种防范性的边界，共同面对成人世界的挑战。

当然，同伴友谊有其局限性。在青少年的人生探索过程中，不能没有父母和老师的指导。称职的家长不会放弃对孩子的指导，也不会强迫孩子只服从自己的指导，而是力图将家长指导和同伴支持很好地协调起来。要实现这种协调，家长首先要尊重和理解孩子的同伴友谊。

误解三——当父母的意见与同伴的意见有分歧时,应该听父母的。一些家长最难接受的是:同伴交往动摇了父母在孩子心目中的权威地位,在一些问题上,孩子更重视同伴的意见,而不听父母的忠告。在不少家长看来,不听父母的话没有道理。

持有这种想法的家长可能会列出好几条理由。其一,孝顺父母是最基本的道德规范,不听父母的话,是大逆不道的行为。其二,父母一片好心,说什么都是为了孩子好,当然应该听父母的。其三,不听老人言,吃亏在眼前。父母有丰富的人生经验,无论如何也比那些涉世不深的毛孩子高明,所以应该听父母的。其四,所谓青少年自己独特的看法往往是逆反心理的表现,并没有什么充分的理由。

上述说法听起来冠冕堂皇,然而,都站不住脚。尊重父母、体谅父母是应该的,但是这绝对不能成为剥夺子女的发言权的理由。父母的经验值得借鉴,但是绝对不能代表真理。把青少年们自己探索出来的结论贬低为不良心态的反映,本身就体现了一种病态的专制心理。在很大程度上,这些想法都是封建家长意识在作怪。如果家长自以为是,以权威自居,不以一种民主的、开明的心态来对待青少年的意见,那么,两代人之间的交流就很难进行。

研究发现,在生涯规划等很多重要领域,青少年更重视父母的意见。他们不顾父母的反对而遵从同伴意见的,往往是在一些无关紧要的领域,如服装样式、言谈举止、朋友交往方式等。一些思想保守的父母往往对孩子这些方面的言行看不惯,生怕孩子因此而学坏。其实,这些领域中的不同意见,只反映了生活方式的差异,并不牵涉到道德方面的是非。在这些方面,青少年有能力自己做主,这是他们表现自己的身份特征的领地,是他们走向独立和成熟的"试验区"。父母对此横加干涉有害无益。

一个开明的父母可以从孩子们的意见中了解新的信息、学习新的知识,从而增进对子女的理解,更好地引导子女的成长。

误解四——与同伴交往容易学坏，所以要在父母的严格监管下进行。由于社会风气不良，而且青少年的可塑性较大，不少家长担心自己的孩子在与同伴交往时学坏。这种担心当然不是多余的。但是，如果因此而对子女的交往行为严加控制和监管，有可能好心办坏事。家长应该关心和引导孩子的交往行为，然而，必须掌握分寸，留有余地。同伴交往是青少年发展自主性、确立自己的身份认同的过程，他们需要相当大的自由度。如果家长处处设防，事事监管，对孩子交往的每个对象都要进行“资格审查”，对交往时的一言一行都要仔细盘问，甚至偷看孩子的信件和日记、暗中查看孩子的交往行为，那么，孩子与同伴的交往就无法正常进行，人格也难以健康发展。

误解五——与同伴交往多了，与父母就疏远了。一些家长看到孩子与同伴在一起时有说有笑，与自己在一起时却寡言少语，不免有一种失落感。尤其是当孩子有了秘密只与同伴分享，而不愿意告诉父母时，一些家长心里很不舒服。这些都给人一个印象：孩子亲近了同伴，疏远了父母。少数家长因此而对孩子的同伴怀有几分敌意。

其实，对这种现象，父母应该高兴才是。青少年能够成功地摆脱对父母孩童般的依恋，建立起同伴友谊，是他们走向成熟的重要一步。迈出这一步，并不意味着他们与父母的感情变淡了、与父母的心理距离变远了，而只是意味着他们与父母的情感交流方式正在转变，如果进展顺利，他们将会在一个新的基础上表现出对父母更加深厚的感情。

在一定程度上，建立密切关系的能力是在家庭中学会的。青少年与父母的关系的好坏对于他们的社会适应能力有显著的影响。与父母关系好的也比较容易跟同伴建立密切关系。对于孩子的同伴交往，父母如果善解人意，胸怀宽广，就不仅可以帮助孩子获得同伴友谊，而且可以赢得孩子更深的爱戴。

(2)对青春期异性交往的误解。青春期的异性关系是一个最容易被忽视、最容易被误解、又最容易出问题的问题。忽视这个问题的,当然不是处于青春期的青少年们。他们对异性的兴趣、与异性交往的需求是随着身体的发育和性的成熟而自然产生的,对此,他们不可能视而不见,麻木不仁。

有意或无意地忽视青春期异性关系的,是大多数家长和教师。他们忽视这个问题,并不是因为它微不足道,而是因为他们觉得它是一个不应该讨论,至少不应该"过早"讨论的问题。当意识到自己的孩子或学生已经情窦初开时,很多家长和教师或者只是在心里暗暗着急,或者旁敲侧击地去劝阻,或者不由分说地去制止,却很少与青少年开诚布公地去沟通,更不会为他们提供指导。

家长和教师之所以这样做,主要原因之一是他们对青春期的异性关系存在很多偏见和误解。

误解一——学生的主要任务是读书,与异性交往是长大以后的事。这种说法听起来颇有道理,事实上却自相矛盾。一方面,它把学生看作一种职业,认为这种职业的本职工作是读书,做其他事都有不务正业之嫌。这是以成人的标准来要求学生。另一方面,它又认为学生是小孩子,不能去做异性交往这类只有大人才能做的事。这两方面的看法都有很大的片面性。

首先,学生的主要任务是成长,而不只是读书。成长包括很多方面,如身体的发育、心理的发展、个性的形成、智力的进步、道德品质的培养等等。读书求知主要涉及智力发展,只是成长的一个方面。学生上学与工人上班有本质的不同,工人上班是要制造产品,在特定的岗位完成特定的生产任务;学生上学的基本目的却是发展自己,不只是"学好数理化"那么简单。学校不仅仅是一个传授知识的场所,更是促进学生全面成长的天地。学会与人交往,包括与异性交往,是个人成长不可或缺的内容,也是学生的任务之一,是一门意义重大的功课。这门课不在升学考试的科目之列,却会考人一辈子。

其次,心理学研究表明,学会与异性交往,达成异质社交性是青春期最重要的社会目标之一。按照人类心理社会发展的自然进程,一个正常人从初中开始就需要学习建立异性友谊。因此,与异性交往并非是“长大以后的事”。相反,如果真的等到离开学校走上社会以后才开始学习与异性交往,很可能就会因为缺乏锻炼而成为这方面的“困难户”。

误解二——中学生还不成熟,不懂事,不具备与异性交往的条件。这一看法的潜台词是:与异性交往是一种很特别的任务,需要准备好特别的能力,而这种能力又不能通过与异性交往本身的锻炼来形成。这实际上是在将异性交往神秘化,把异性交往划为禁区。它可能成功地阻止了一些青少年的尝试行为,但是,它同时也加重了青少年在异性交往方面的心理负担,给青少年达成异质社交性增添了不必要的障碍。

不错,青少年确实还不成熟,在与异性交往时肯定会遇到不少困难,出现一些问题。但是,人的心理成熟不可能靠坐等得到,与异性交往的技能也只能在实践中去摸索、去提高。事实上,一个没有学会与异性交往,没有达成异质社交性的人很难说是一个成熟的人。在一定程度上,学习与异性交往是青少年走向成熟的一个重要途径。

误解三——与异性交往会分散精力,影响学习。这种说法是很多家长和教师反对学生与异性交往的主要理由之一。他们往往举出不少事例来说明此观点的正确,诸如某某人因为早恋而没有考上大学之类。其实,如果仔细推敲,他们的论据并不能证明论点。许多因与异性交往而影响学习(主要是影响考试成绩)的人,真正的原因并不是分散了精力,而是承受不了巨大的精神压力,这种压力又往往来自教师或家长对于异性交往的过敏反应。

精力不是一个静态的固定的东西。一个人在某个时期的精力大小或多寡,有很大的伸缩性,而且受到情绪的强烈影响。心情不好时,人们往往无精打采;心情愉快时,人们就会浑身是劲。研究发现,一个与异性交往很成功的人,往往情绪饱满,精力充沛,学习和工作的效率都很高。因此,与异性交往本身并不会对学习造成负面影响,相反可能还有积极作用。当然,在与异性交往时,可能会发生一些矛盾,遇到某些挫折,影响人的情绪,但是,出现这种情况的时候并不多,只能算作特例。根据特例去反对与异性交往是不可取的,正如不能因噎废食一样。

对上述误解,我们可以说一句针锋相对的话:只知道读书会花费太多的精力,以致影响异性交往。这不是说笑话。在一些名牌大学里,有不少只会读书考试,不善与人交往,尤其是不会与异性交往的学生,他们出现心理问题的概率很高,有的人甚至因为情感问题而痛苦不堪,前程尽毁。

成功的教育应该兼顾智力提升和社交能力发展,而不是将二者对立起来。

误解四——与异性交往很容易发展为早恋,使中学生犯错误。“早恋”可能是最容易让家长和老师神经过敏的字眼。可以说,在一些家长和老师身上存在“早恋恐慌症”:一看到两个男女学生单独在一起,就怀疑他们早恋了,一怀疑他们早恋,就如临大敌,一方面把他们打入另册,当作问题学生,另一方面千方百计控制其负面影响,害怕他们起了坏的带头作用,使早恋流行蔓延。在这种心态左右下,不知制造了多少冤假错案,妨碍了多少青少年的身心发展。

心理学研究表明,异性交往的动机多种多样,在很多时候并不是为了谈恋爱。即使是一对一的男女约会,也不能与恋爱划等号。两个男女学生单独在一起,可能是在讨论学习问题,也可能是在交流对一些事情的看法,甚至可能是在讨论怎么样才能避免早恋。虽然青少年还不成熟,容易冲动,但是,他们都有正常的自我保护意识和自制能力，在恋爱问题上一般会相当慎重。

如果说有一些中学生真的早恋了，他们也可能是被教师和家长逼上梁山的。“早恋”是成人世界制造的一个标签，一些人拿着这个标签到处乱贴。例如，如果两个男女学生关系很密切，经常在一起，那么本来应该给他们贴一个“异性友谊”的标签，然而，不少教师和家长从来就不相信有“异性友谊”这么回事，于是他们就会不由分说贴上“早恋”标签。一旦被贴了这个标签，这两个学生就有嘴难辩，外界的压力可能迫使他们真的恋爱起来。

如果青少年真的早恋，也不是什么见不得人的丑事。早恋是一个心理现象，而不是道德品质错误。对早恋的学生，教师和家长不应该孤立、打击，而应该更多地关心和引导。

误解五——中学生谈恋爱成功率很低，中学生与异性交往没有什么好处。对于中学生谈恋爱的成功率，肯定没有任何正式的权威的统计数字。这个成功率往往是由中学教师总结出来的。他们的根据就是自己的经验——他们教过的学生中，有多少人早恋，其中又有多少人最终没有结为夫妻。

这种统计方法显然是有问题的，因为一些被教师贴上早恋标签的学生其实并没有谈恋爱，他们不存在成功与否的问题。

这种思考的逻辑也是不成立的。首先，恋爱的成功与否不能只以结婚与否来衡量。如果一次恋爱使双方都得到成长，它就是有价值的。初恋的成婚率可能很低，但是这决不意味着初恋没有价值或没有必要。其次，“早恋”的成功率低也不能作为否定异性交往的理由。相反，这一点倒可以作为要加强异性交往的理由——如果教师和家长能够多做一些工作，引导学生学会与异性交往，他们将来的恋爱和婚姻就会更顺利、更成功。

误解六——与异性交往是少数学生的行为，好学生不应该仿效。前面已经提到，与异性交往是青少年心理社会发展的正常需要，所有发育正常的中学生都会自然地产生这方面的需求。但是，由于中学生被灌输了对异性交往的很多偏见,他们可能自觉或不自觉地压抑自己的需求,不敢做出相应的行为。一些学生则用地下活动的方式来与异性交往,不敢让老师和家长发现。这样的境况对于学生们正当的异性交往是非常不利的。如果一个学校真的只有少数学生对异性交往感兴趣,我们就不得不怀疑它出了什么问题。

误解七——如何处理异性关系不需要别人指导,到时自然就会。对涉世不深的青少年来说,与异性交往是一个全新的领地,有很多的疑问和困惑。资料表明,在社会风气十分开放的美国都有相当一部分大中学生把异性交往当作一个难题。在观念相对保守,而且对青少年异性交往充满偏见的中国,不难想象青少年在这个方面的问题和困难更多。据一些心理咨询专家反映,我国青少年来电来信所寻求帮助的问题中,与异性交往有关的占了相当大的比例。

误解八——如何处理异性关系不属于教育范围,教师对此没有责任。如何与异性交往不在考试范围之内,但是,它应该在教育范围之内。尤其是当我们强调素质教育的时候,教师就有责任指导学生学习与异性交往。在某种程度上,与异性交往是对一个人的综合素质的考验。教师和家长如果能够主动地帮助学生培养这方面的能力,将会使他们受益终身。

正是由于上述的误解,使很多家长和教师不能正视青春期的异性关系,往往采取压抑、堵塞的办法来被动应付,而不是积极引导。一些在异性交往上遇到问题的青少年,不仅得不到及时的正面的指导,反而会遭受来自各个方面的责备,在巨大的精神压力下,他们可能做出不计后果的行为,青春期的异性关系也因此成为一个危险问题。如果要化解危险,解决问题,首要的是家长和教师要改变自己的观念。

○培养孩子与他人交往的能力

蝴蝶终究要破茧而出，不能因为害怕它遭受风吹雨打而折断它的翅膀。

培养孩子，良好的与他人交往的能力是父母必须注意的课题。

1. 不要抢孩子的“戏”

在父母与孩子的关系中，有一种有趣的“性格互补型”：即一个能干泼辣、能说会道的母亲却有一个腼腆怕事、言语拙笨的孩子。这使那些信奉“龙生龙，凤生凤”的家长们大感疑惑。认真观察和思索后发现，这种现象并非偶然，多数是由于父母的戏太多而孩子没戏唱，孩子的天性受到压抑造成的。

一位女士说：“我中学时有一女同学，人长得漂亮，学习也挺好。只因当时身体不好未能参加高考。按说每一种人生都会焕发光彩，尤其聪明如她。可十六年过去了，我惊奇地得知她长期呆在家里，没有工作，不论婚嫁，也不与昔日同学来往，几乎过着半封闭的生活。我的父母认识她的母亲。他们告诉我，她母亲非常能干、好强，但性格多变，有点神经质。她对女儿的大事小事都喜欢包办，横竖看不上女儿的所为。可以说，我这女同学活了三十多年，几乎就没有自己的人生舞台，有的只是母亲的舞台，她充其量只能算一个配角。就这样，她对生活的自信心以及社会适应能力逐渐消失在了母亲的长臂之下。”

有这样一个报道：一个小女孩因独自外出玩耍差点丢失，以致于她母亲由于承受不了再一次丢失的打击，从此不再让孩子出门半步，连学也不让上了，以求万无一失。十多年后，当记者采访这一家人时发现，已是二十岁的女孩无论是生活能力还是智力，差不多还停留在当年的水平。因为从母亲把她严严实实地“保护”起来那一天起，她就丧失了自己。

这使人不由联想到那只被人类的错爱而遭杀害的雏鹰。人们看到一只正在艰难地破壳而出的雏鹰，认为它一点点啄壳太费劲了，就用手帮它把壳掰开了。没想到这只轻易出壳的小鹰不久就死去了。原来它正是靠一点一点地啄破硬壳来获得它最初的生存能力的，是人的好心剥夺了它这种生存能力。

生活中，的确有些父母自觉或不自觉地扮演着孩子的“包办者”或“代言人”的角色。举个最简单的例子：当你问他们的孩子叫什么名字、几岁等问题时，还没等孩子开口，家长就抢着替孩子回答了，使孩子失去了一次与人交流的机会。有的父母(尤其是母亲)总嫌孩子做事“不利落”，认为“与其让他浪费时间还不如自己动手”，从而把许多本该孩子自己做的事都包揽了。

相信许多家长一定还记得几年前由“夏令营中的较量”引发的辩论：“到底是日本孩子强还是中国孩子强?”不管人们对日本孩子在夏令营中的出色表现和有些中国孩子的哭爹喊娘持什么态度，至少某些中国家长的做法不值得推崇：一路上有陪着孩子“受苦”的，有为孩子背包的，有开着车“保驾护航”的……

其实，再出色的演讲家也要经历“咿呀”学语的阶段，最棒的长跑冠军也要从蹒跚学步开始，孩子各方面的能力也是一点点培养起来的。大人们的忙“帮”多了，等于侵占了孩子自由发挥的空间，孩子的自信心得不到建立，能力得不到培养。假如你的孩子碰到生人就害羞，遇上事情就怯场，一开口就脸红并整天拉着你的衣角；或者你的孩子“笨手笨脚”、“笨嘴笨舌”……身为父母的你就该敲响警钟，想想是不是自己说得太多或做得太多了!

愿每位父母都要有意识地为孩子创造更多的机会，放手让孩子们在属于自己的舞台上尽情表演。

从对各行各业成功人士的研究中不难得出这样的结论：一个人的成功固然有许多因素，但几乎每个人的成功都有一个必不可少的素质——社会的亲和力即与社会、与人友好合作的能力。曾有人根据自己的人生经验得出过这样的等式:成功＝15％的专业知识＋85％的社会亲和力。这种亲和力的获得就是从与人交往的点点滴滴中积累起来的。不少专家指出:这种能力的培养宜早不宜迟,而且与父母对孩子的教育密不可分。

从孩子诞生起,我们就该努力为孩子提供一个可以尽情表演的舞台。在孩子很小的时候,就要有意识地利用各种与人接触的场合培养孩子与人为善的品格、落落大方的交往仪态,训练孩子的语言表达能力、与人沟通能力和自主解决问题的能力。这样,当他有一天离开父母时,才可能在自己的人际环境里如鱼得水。

2. 一位母亲的经验

(1)交友——培养孩子大方和与人为善的品格。"我和爱人善交朋友,加上南来北往的同学、老乡,家中常能享受与友人相聚的热闹和欢乐,女儿自然就有了许多接触外人的机会。每当有朋友来访,我们都鼓励女儿与客人自由对话。哪怕这种对话听起来多么可笑,只要满足了她交流的欲望并能训练她不怕生,我认为就有意义。在交友的过程中,我乐意把好东西或特产与朋友分享,同时也得到友人的慷慨之物。当女儿口中吃着来自叔叔、阿姨们的食品,身上穿着阿姨们给她买的衣服时,她幼小的心灵也体味到给予的快乐和得到的喜悦。

这些潜移默化的作用正慢慢在女儿身上体现。女儿很大方,无论是家中来了人,还是外出碰上熟人,甚至是遇到不认识却主动对她微笑的陌生人,她都能甜甜地叫叔叔、阿姨、爷爷、奶奶,一点不勉强。前不久一个好朋友来家里玩,当我想起请她吃特产时,发现女儿已经献完殷勤了。更让我欣慰的是,她不但从不抢别人的玩具,还毫不吝啬地让别的小朋友玩自己的玩具。"

(2)打电话——培养孩子的语言表达能力。"我们常给远方的亲人打电话。女儿好奇,常来抢话筒,我们也不拦阻她,让她参与不也挺好吗！所以从她一岁半开始，只要她愿意，每次打电话爷爷奶奶都能听到她稚嫩的声音。开始时她只会简单的问候，有时问过好就拿着话筒不吱声了，这时我们就在一旁教她怎么往下说。一年多后的今天，电话一响她就冲向话机，自己先跟对方说上一会，等过完了瘾才把话筒递给我们。有一次她竟帮了我的忙呢！那天电话铃响时我正在洗澡，我在洗澡间大声叫女儿接电话，让她转告对方过一会再打来。等我洗完澡出来问女儿：‘谁打的电话？’她回答：‘是干妈。’女儿还清楚地告诉她：妈妈在洗澡。”

(3)打交道——培养孩子的沟通和解决问题的能力。“为了有意识地培养女儿的沟通能力，尽管她只有两岁半，我还是放手让她去做一些事。比如让她自己去买想吃的东西，我站在门外等候。又如当她告诉我‘妈妈，我想玩一会儿园园的三轮车’时，我就鼓励她自己去和园园商量。她便对园园说：‘园园姐，我玩一会儿你的三轮车行吗？’园园爽快地答应了。类似的机会我给了她很多，偶尔还有和大人商量的时候呢。有一次一个阿姨坐在秋千上看书，长时间占着孩子的游乐设施。女儿便对她说：‘阿姨，让我玩一会秋千行吗？’这个阿姨马上笑着站了起来。许多时候，父母总觉得孩子还小，应该由家长出面解决问题，殊不知只要稍加点拨，孩子就会处理好。”

3. 培养孩子的合作精神

有首儿歌唱道：“一个和尚挑水喝，两个和尚抬水喝，三个和尚没水喝，你问这是为什么？”接着唱出了答案：“大和尚说我挑水挑得最多，二和尚说新来的应该多干活，小和尚说我年幼身体太单薄，老和尚说我年老不口渴。”一首小小的儿歌道出了人群中“缺乏合作精神”的一面。生活中常有这样的事：几个胸怀大志的哥们或亲弟兄凑在一块干点事，到头来却走的走，散的散，不但违背了共创事业的初衷，连最初的那点情谊也难得留存。

平心而论，没有人愿意陷入“谁都不落好”的境地。问题出在许多人不具备良好的合作素质,缺少“荣辱与共”的集体观。社会呼唤有良好亲和力的人,这种社会亲和力的核心就是合作精神。怎样培养孩子的合作精神呢?

(1)为孩子营造“休戚相关”的家庭氛围。父母之间应相互体恤,乐于奉献。若孩子耳朵里听到的总是“谁干多了,谁干少了”之类的相互埋怨,孩子只能体会到付出的痛苦,无形中他会形成“要索取不要付出”的观念。其次,通过让孩子参与一些力所能及的家务以培养孩子的合作意识。不少家庭为着“保证学习时间”,家务一点不让孩子插手,甚至孩子自己的事都一律由母亲代劳了。在这种氛围中,孩子可能形成“只要学习好就可以打天下”的错误观念,同时滋生惟我独尊的不良心理。

(2)教孩子学会分享。孩子难免都有自私的倾向,我们可以教会孩子与人分享,并体会分享的快乐。比如让孩子和小伙伴共同参与一项活动。一起玩游戏就是一种分享。

(3)适时说教。给孩子看动画片和讲故事时,适当地加入一些教导的话会起到很好的教育作用。比如利用故事“两只笨狗熊”,向孩子说明“不能吃小亏终必吃大亏”的道理。两只笨狗熊捡到一块面包,生怕分不均,请不怀好意的狐狸当裁判。狐狸故意把面包掰为大小不均的两块,两只狗熊忙叫道:“不行不行,一块大一块小”。狐狸于是对着大的一块狠狠咬了一口。两只狗熊又叫道:“不行不行,那块大的被你咬了一口又变成小的啦”。狐狸就这样左一口右一口,最后把蜡笔头大小的两块面包分给了两只狗熊。

(4)以身作则。家长是孩子的一面镜子。观察一下周围认识的人就不难发现:大多数子女的为人处事总透着父母的影子。这就要求父母不仅应注重“言传”,更要注重“身教”。

○好习惯要从小养成

好习惯可以使人受益终生，坏习惯可以毁掉人的一生。

1. 一位妈妈的日记

孩子的早期教育，将影响她一生的成长与生活。在此，选录一位妈妈在她的宝宝一岁半时写的一篇日记：

——按规定给零食。宝宝吃零食的习惯很好。一岁半前不知“糖”滋味，除了奶和正餐，她的零食品种只有：亨氏磨牙饼，旺旺米饼，山楂片，波力海苔，“伊可欣”鱼肝油。只在最近才增加了：旺仔QQ糖和喜之郎果冻，并且是偶尔食之，且每天最多一粒。每次当她提出吃鱼肝油或是糖糖时，我们问她：每天吃几颗？她总是小手一伸，答曰：一颗。于是仅此一颗，糖与鱼肝油同等对待，有时她早上吃了一颗，下午还要去开抽屉，这时问她每天只能吃几颗？悻然回答：一颗！然后作罢。

——钱从哪里来。培养良好生活习惯我们也从价值教育做起，现在的孩子生活条件好，更不能让她以为这一切是理所当然，应当让她知道工作是因，享乐是果。每次傍晚三人外出散步，宝宝总喜欢去坐“摇摇摆”（木马），这时趁机教育：钱钱哪里来？是爸爸妈妈上班挣的。偶尔故意不满足她的要求，留点遗憾，说：钱钱没有带，明天再来。并且坚持最多坐两次，只是偶尔破次例。每次买了新衣新鞋或吃的，就教育：谁买的？钱钱哪里来？是爸爸妈妈上班挣的。这样，加上每天上班前外婆教育：和妈妈再见，爸爸妈妈上班挣钱，才能带宝宝坐“摇摇摆”，买漂亮的新衣服，买好多好多好吃的……宝宝于是不再纠缠，依依不舍又似懂非懂和爸妈再见——在她小小的心目中，已经有点价值的概念了，对爸妈上班也有点概念了。

——锻炼意志。培养良好生活习惯还要从锻炼意志做起。外出时，尽量让她走路，两岁前的孩子，体力有限，不太喜欢走。我们便采取赛跑，让她跑来找妈妈，或争跑第一的方式鼓励她多走路，既锻炼体能又锻炼意志。每次摔跤，只要不太严重，总鼓励她自己起来，然后称赞她勇敢，帮她拍拍灰，教育她自己注意危险，动作慢点，而不是一味教她责怪地板。

总之，从小养成孩子良好习惯很重要，适当的鼓励是关键。只是在培养的时候要注意“中庸之道”，既要坚持养成良好习惯，又要注意让宝宝在遵守纪律的同时偶尔享受一下违规的自由快乐。譬如：偶尔吃个棒棒糖，体验一下“舔甜”的快乐。毕竟，对于孩子的成长，纪律固然重要，快乐更不可缺少。

2. 教孩子放弃说谎

孩子的谎言有很多内涵——可能是夸大了的事实，也可能暗藏着对美好事物的向往。还有可能仅仅是保护自己的一种手段——这取决于孩子为什么撒谎。

逃避困境——孩子们常常有这样一种逻辑：要是没有人证明是我做错了事，我就可以逃避惩罚了。7至10岁的孩子已经学会了区分好与坏的行为，他们也非常清楚做哪些事情会受到表扬，做哪些事情会受到批评。因此，和学龄前儿童相比，他们对外在规则的了解的确前进了一大步。然而由于心理发展水平的制约，他们尚不能将外在约束与内在愿望很好地整合，从“他律到自律”的发展过程中矛盾不断产生，明知故犯这正是发展历程的写照。

取悦父母——在孩子成长过程中，父母是影响他们认知、做事以及自我概念形成的重要因素。有时孩子去做某些事或说某些话常常只是为了得到父母的赞赏。

寻求同伴的注意——学龄阶段的孩子有时会讲一些夸张的故事，但仅仅是为了吸引别人特别是同伴的注意力而已。

寻求刺激——有些时候，孩子说谎的原因特别单纯，就是为了好玩、有趣。我们把这种说谎叫“吹牛”,吹牛的过程中孩子们会激动、兴奋,因为他们要看看谁的本事最大,能把气球吹得大而不破。这当中没有一丝邪恶的成分,当然,随着孩子年龄的增长,仅仅处于好玩的撒谎会越来越少。

面对孩子的谎言,家长该如何应付呢?

——不要生气。刚发现孩子说谎时,家长免不了惊讶和失望,这很正常。这时如果能够控制自己不发脾气,代之以充满关心的谈话,则有助于搞清孩子为什么撒谎。良好的心态表明你期待他说明真相,而威慑会让孩子感到孤立无援并且重新陷入说谎的怪圈。

在说谎的问题上家长要学会针对具体事件,而不是谎言本身,且勿在有没有说谎这个问题上纠缠。有些家长经常说这样的话:你真让我失望,说了你那么多次,你为什么还要说谎!这样的处理方式对矫正孩子的说谎行为没有丝毫益处。要学会从不同角度,用通俗易懂的语言对孩子进行引导。从这个角度说,比那个老掉牙的“狼来了”,效果要好得多。

——做一个忠实的听众。有许多带有童趣的所谓不真实的话,家长一定不要把他们也一并归到撒谎的类别里去。其实我们很多人都有过小时侯和小伙伴在一起吹牛的经历。这被夸大的真实里面很可能展示着孩子的美好向往和对成为一个卓越的人的渴望。对待这种情况,家长不必过度反应,只需做个“忠实”的听众,不时地发出某种感叹“要是真的这样该有多好啊”!

——一起吹破这个气球。还有的小孩子所谓的说谎有可能远离生活常识。如果一个小男孩为了表示自己的玩具小汽车比小朋友的多而说出“我有一万辆小汽车”这样的话,你不妨和他一起把这个气球吹下去。“真的吗?那你们家的房子有多大呀,让我们来算算看,一间房能放几十辆玩具车,一万辆玩具车需要用多少个房间”——孩子听了你的话,很有可能吐着舌头不好意思地笑起来。

有一些谎言和我们前面所说的情况在性质上是不同的。因为它可能使孩子成为问题儿童,如果孩子出现以下情况,家长就要加以注意了。

谎言愈演愈烈。如果孩子撒谎成了家常便饭,你就要反省自己的行为了,是否要求太高,是否没有以身作则,是否对孩子太严厉从而让孩子感到除了撒谎没有其他的选择等。

说谎伴有其他不良行为如"偷东西"。如果孩子仅仅从家里拿东西,可能只是一个呼唤父母关注的信号,如果孩子频繁地从别处偷东西并且说谎,就需要家长高度警觉了。如果靠自己的力量难以解决,一定要去寻求专家的帮助。

3. 如何对待孩子的粗心

粗心大意的孩子很多,但是又各有不同。比如有的是写作业时粗心,考试时反而不粗心了。还有的孩子是带东西粗心,学习不粗心。也有的孩子是在学习上粗心,在自己喜欢的玩具上不粗心,当然也有什么事情都粗心的。

不管是哪种情况,家长都会很着急,有的家长为此打过孩子,还有的家长认为,14 岁以前应该打,14 岁以后不要打。把打当成是严格管教的家长大有人在。

心理学中有一门课程叫行为矫正。其实,打仅是行为矫正中的一个方法。既是惩罚中的一个具体的做法,又是一个有负面效应的做法。挨打的孩子一般当时就告饶:"我不敢了!我改!……"可是结果呢?过了两天还是那样子。那么怎么才能根治孩子的粗心大意呢?还是要运用行为矫正的方法,但是不是运用惩罚,而是运用正强化的方法。因为正强化是比较有效的方法。

强化什么是关键,因为孩子粗心而打孩子,且一遍一遍地说他粗心……其实是在强化他的粗心(等于在提醒他要粗心,因为潜意识只接受有实质性意义的信息,比如说:"以后不要再这样粗心大意了!"潜意识接受了粗心大意,而那些以后不要……潜意识是不会接受的)。如果反过来做,在他粗心的时候不理睬他,淡化他的粗心,然后在他偶尔不粗心的时候马上表扬他,强化他的细心,这样慢慢地他就会向着细心方向发展了。这是正强化的做法。

另外还有一点是家长要注意的,那就是千万不要给孩子贴负标签。即使孩子有粗心的毛病也不能总说,总说,他就会认为自己就是这个样子了,这样一来,孩子的粗心真的就会越来越严重。

努力去发现孩子细心做事的时候,不失时机地肯定他,唤醒孩子,让他感觉到自己其实是可以很细心的,慢慢就好了。

4. 怎样引导孩子看电视

儿童心理学家对指导孩子看电视提出如下建议:

(1)有计划地收看电视节目。

(2)教育小孩子分辨电视节目到底是真的还是假的。

(3)不要让孩子以看电视为借口,而不参加其他的活动。

(4)利用敏感性的电视节目主题,引导孩子讨论提高理解能力。

(5)拆穿某些电视广告的欺骗手法。

(6)帮助儿童学会控制看电视的时间。将儿童每天看电视时间控制在1小时以内。

(7)帮助孩子理解电视节目的内容。家长最好陪着并作适当讲解,看完之后让孩子重复一遍看到的内容,锻炼孩子的口头表达能力、逻辑思维能力。

(8)培养孩子广泛的兴趣,引导孩子参加各种有益活动,如读书、游戏、美术、唱歌等。这是使孩子不粘在电视机前的好方法。

(9)规定孩子看电视的条件,明确地对孩子讲清楚不完成作业不能看电视。

(10)一定要对节目有所选择,即在有限的时间里选择最有意思的节目看。

5. 怎样对待孩子的不合理购物要求

父母屈服一个孩子的要求,就是满足他随意提出的要求。时间一长,孩子就发展成“给我东西”这种习惯——一种要求越来越多东西的行为。电视广告刺激孩子的贪婪,总是有人向他们灌输这种观点:买东西,就是买幸福。

怎样才能不让孩子养成“给我东西”这种习惯呢?如果孩子有了这种习惯,如何改变?下面就是专家的劝告。

每次到商店买东西时,不要总是给孩子买好吃的东西。父母这样做往往是由于内疚引起的。白天,父母大多数时间要工作,不在孩子身边,因此他们想给孩子一点补偿。

从一开始就要向孩子讲清楚,给他买东西是经过慎重考虑的一种决定。如果你不想给孩子买,不要找借口,不要对孩子说“我们太穷了”这一类话,提醒孩子,幸福不是拥有许多东西。着重强调指出,有些东西是废物,不值得一买。规定出一些界线,最终把孩子过渡成一个有见解的消费者,一个守纪律的节省的人。

如果你认为孩子的请求是值得的,就给他一个机会,自己赚钱,自己去买这个东西。你可以说这一类的话,这也能激发孩子“自食其力”的动机和做事的干劲。

如果你拒绝孩子的请求,就简单明了说清你的理由。在超级市场上,一个父亲向4岁的儿子解释,买袋装的马铃薯片“不是好的选择,因为营养价值不大,里面含有脂肪和盐,对健康有害”。在一家商店,一个母亲告诉她的女儿,她不能买一包扁平的发夹,因为“许多发夹夹不住头发”。这种解释对成年人来说,听起来文明,但是对一个孩子来说,听起来不着边际。最好发出一个坚定的“不”字,然后说出你认为简单的解释:“对你不好。”

一旦你说了不,就要坚持到底。你对“给我东西”这种反应是教会孩子一些重要的信息:“什么东西能得到,什么不能得到。”让一个孩子懂得:哭哭啼啼让人难受,自己的目的也实现不了。“如果有必要,就离开商店”,家庭心理学家劝告说,“有时,即使麻烦,你也要证明这一点。”作为一个父母,你的工作就是帮助你的孩子决定什么东西最值得得到,然后向他们显示用正确的方法得到这些东西。要让孩子学会重要的一课就是:得到东西要比说“给我东西”花费更大的劳动。

6. 如何对待孩子要赖

2到6岁的孩子要赖是很普遍的。多数家长都不能容忍孩子要赖的腔调及脸上的表情。家长们会由于对阻止孩子要赖束手无策而感到沮丧和愤怒。

孩子是想以一种“退化”的方式来表达他的需要,他不恰当地表达愤怒、失望等感情,就是希望别人能向对待婴儿那样对待他,因为他仍怀念幼小时的感觉。如果你能仔细观察一下,就会发现一个很简单的原因,孩子玩了一天,感到很疲倦,所以不可能很有说服力地、有效地表达他的感情。

其实,孩子要赖的最根本原因是他不能以别的更合适的方式表达他的需要。对待孩子要赖应该怎么办呢?

第一步:观察孩子要赖的情形。是在他很疲倦的时候,还是在他没能为所欲为的时候,或是在他感到需要抱一抱的时候。

第二步:选孩子不要赖的时候,跟他谈谈,说你想帮助他学会如何告诉他需要什么,而不是要赖。根据观察,你可以说:“我看得出来,当我让你去做你不想做的事情时,你就要赖。你可以试着不用要赖的方式而用正常的方式告诉我,我相信你能做到这一步。”你这是在教孩子用适合他年龄的方法行事。

第三步:发现孩子要赖时,告诉他:“现在,你又心烦意乱了。我希望你尽量控制自己。”哪怕你只看到一点成效,你都要说:“好样的,你正在努力!”过一段时间说:“当你控制自己不要赖时,我觉得你真是好多了。”

第四步:一旦看到孩子在控制自己方面取得任何一点成效,你就应该马上说:“我知道你正在约束自己,我为你感到骄傲。”这时去抱抱他是非常合适的。

○尽父母之责，育子女成材

在第二十八届国际化学奥林匹克竞赛中，刘镇宁有幸代表中国队参赛，并取得金牌，为祖国争得了荣誉。对如何教子，他的父亲谈了以下体会。

1. 在实践中，要处理好四个关系

一是处理好成人与成材的关系。我们要求孩子既要成人，又要成材。成人即要有健康的体魄和心理，要有良好的思想品德；成材即要掌握现代科学知识，学有所长，成为对国家对社会的有用之才。

有了这样的培养目标，就注意加强对孩子的思想教育，经常了解和掌握孩子的思想状况和身体情况，有针对性地采取措施。从小学开始一直到高中毕业，每隔一个阶段就和孩子谈谈话，交交心。每个学期都能谈上一两次。为了保证谈话收到好的效果，我们经常做一些准备，甚至写好谈话提纲。谈话的内容有学习、劳动观念、勤俭节约、交朋友、尊敬长辈、早恋等，每次谈上一两个小时。我们体会到现在的孩子思想很活跃，对一些事情都有自己的见解。作为家长要掌握孩子的思想动向，帮助他分辨是非，解决孩子在成长过程中遇到的各种问题。

我们积极支持孩子参加各种体育活动，镇宁的身体很健壮，为他以后参加各种紧张的学科竞赛和完成繁重的学习任务打下了基础。同时我们还鼓励他参加各种文娱活动，完成各种社会工作，他精力始终很充沛，做到了德智体全面发展。

二是处理好智力因素和非智力因素的关系。智力因素是重要因素，但一个孩子能否成材，其实是非智力因素在起主导作用。许多孩子智商不低，但学习成绩不好，问题往往出在非智力因素上。

镇宁的智商并非超常，我们也没有对他进行大量的超前教育和智力开发。他之所以能在学习上不断进步，出类拔萃，全面发展，主要是注意培养和发挥好非智力因素的主导作用，使他在学习上形成了良性循环。我们基本做到了：

——培养孩子有一个好的性格。我们对孩子从不溺爱。教育他同小朋友友好相处，养成他开朗乐观、诚恳待人、积极上进、豁达大度的性格，在这方面镇宁的母亲和奶奶对他的影响很大。

——培养孩子良好的学习习惯，养成学习认真、做事一丝不苟的好作风。我们教育他学习要全神贯注、提高学习效率，学习任务完成了该玩就玩，要玩得投入，玩得痛快。刚上学时，在写字姿势不正，作业潦草，考试马虎等事情上家长经常检查纠正。在他上小学二年级时，有一次因为他没有认真完成作业，我们全家都没按时吃饭，直到他把作业认真地重做了一遍。这件事对他教育很大。

——培养孩子的刻苦勤奋精神。在教育孩子上我们从来不打不骂，而是摆事实，讲道理，循循善诱，启发他的自觉性。从他小的时候开始我们就给他讲了很多古今中外伟人名人刻苦勤学的故事，使他树立勤奋好学的精神。在小学时，镇宁的爷爷把朱熹的“少年易老学难成，一寸光阴不可轻。未觉池塘春草梦，阶前梧叶已秋声”的《劝学》诗抄给他，勉励他惜时勤学。我们家里学习空气很浓。这些都对镇宁起到了潜移默化的作用。

——培养孩子的自信心和竞争意识。我们经常鼓励他“你不比别人差”。支持他参加各种学科竞赛和其他一些知识竞赛。他参加了多次竞赛，每次都能获得较好的成绩，这也进一步增强了他的自信心。我们还培养他的竞争意识，上初中时竞选班长，上高中时竞选学生会主席，他都认真准备，积极参与，结果都如愿以偿。“宁可机会负我，我不负机会”。镇宁在日记中多次写道要抓住各种机会去拼搏，他相信自己总会成功的。在高三一学期，镇宁在吉林省化学竞赛中获得全省第六名，省化学会要求他参加省集训队选拔队员参加全国化学竞赛。我觉得风险太大,不同意他参加集训。镇宁坚决要去。他说:"我连续两年全省化学竞赛获一等奖,不参加集训,失去这个机会我会后悔一辈子。"幸运之神总是垂青于那些勇于拼搏的人,镇宁在吉林省以至全国化学竞赛和国家集训队中都脱颖而出,终于实现了他的奋斗目标。

——培养孩子良好的心理素质。正确地对待成绩和荣誉,泰然地对待挫折和失败。比如在学习上,我们教育他要正确地对待考试,正确地对待分数,只要平时刻苦努力,学习扎实,考试就不必紧张和忙乱,正常发挥,考试以后认真总结,找出差距与不足,促进以后的学习。另外我还教育镇宁正确对待难和易,不要因为遇到难题而紧张,也不要因为题容易而忘乎所以,大意出错。因为对你难,对别人也难,对你容易,对别人也容易。还有在荣誉问题上也教育他正确对待,不要看得过重。人生的路很长,眼光应放长远些,不要计较一时一事的得失。

总之,在培养和发挥镇宁的非智力因素上我们投入了很多的精力,收到了事半功倍的效果。孩子的学习自觉性、主动性、自学能力越来越强,学习成绩也越来越好。我认为,在孩子教育问题上,只重视智力因素而忽视非智力因素的培养是很多家长认识上的一个误区;只重视考试和分数忽视孩子全面素质和能力的提高也是思想认识上的一个误区。只有解决和处理好这个关系,才能使孩子全面发展,健康成长。

三是处理好家庭教育和学校教育的关系。在镇宁的成长过程中,我们家长始终和学校老师密切配合,经常沟通情况,共同做好教育工作。除了学校的家长会以外,平时经常与班主任老师沟通,这样就可以发现和解决孩子成长过程中出现的问题。每次家长会我都认真做记录,回来后向全家传达,有针对性地向孩子提出具体的要求。每天孩子放学回家,我们都过问一下学习情况,这已经形成习惯。

四是处理好父母和孩子之间的关系。我们认为父母和孩子之间有三层关系。第一层关系自然是父子母子关系,我们对孩子倾注了全部的爱,孩子要热爱和孝敬自己的父母。第二层关系是我们是孩子的第一任老师,有教育之责。除了以身作则为孩子做出榜样外,还要向孩子传授各种知识,尽自己所能辅导孩子学习。第三层关系是朋友关系,父母应该成为孩子的益友。父母和孩子应该平等地交谈和探讨人生、社会和其他一些问题。我们在教育镇宁的过程中,正是这样做的。从不压服,而是以理服人。在和孩子谈话时有时认识不一致,我们也不强求一致,留着以后再谈,让他逐步认识。我们作为父母,也有错怪孩子或者是说错话、办错事的时候,这时候我们也要作自我批评,也要给孩子道歉。孩子有了错误也要认真检讨,向父母认错。

2. 切实地给孩子以具体的帮助和指导

(1)在学习上培养孩子独立思考能力,独立完成作业和学习任务,不包办代替。我们给孩子插上能飞的翅膀,而不是给孩子当拐棍。

(2)抓住薄弱环节,有的放矢地进行辅导和指导。如在小学阶段,为了纠正镇宁经常出现错别字,我给他订了一本“镇宁错别字集”,把他在作业、作文、考试中出现的错别字记下来,作为重点知识掌握。在上初中以后,为了让他打好英语基础,每周日都考他一遍所学的英语单词,一直坚持到他初中毕业。

(3)跟孩子一起学习,掌握孩子学习的内容、进度、要求和知识结构,有效地辅导和督促孩子学习。从小学到高中,孩子的课本我经常翻阅,这样在检查辅导孩子学习时就可以做到心中有数。另外在每次大的考试之前,我们都帮助孩子复习。

(4)帮助孩子购买必要的参考书。针对学习知识的重点、难点找答案。我们在做法上一是不搞题海战术,不让孩子去做大量的参考书上的题;二是我们阅读参考书和一些报刊,发现对孩子有帮助或启迪的内容就推荐给孩子看。

为了支持孩子参加各科竞赛，我们也购置另外一些关于学科竞赛的书，为孩子借了一些大学教材和有关资料，基本保证了孩子的需要。

(5)开阔视野，扩大孩子的知识面。《十万个为什么》等课外读物伴他度过了少年时光。有时我还根据我的能力，超前地向他讲授一些数理化方面的知识。我们家里还购买了很多中外名著和工具书，扩大孩子的知识面。在节假日也经常全家野游或参加一些活动，在活动中增长孩子的知识。

(6)抓住课堂作业、复习和预习三个环节，做好每次考试后总结分析。学习的功夫在平时，而不是到考试前的突击。我们对每次考试成绩作总结分析，不单纯看分数，而是通过考试找出不足和薄弱环节，促进学习。

多年来在孩子的教育上我们夫妻二人配合十分密切，孩子的缺点从来都不迁就。在生活上从来不准他乱花钱 。在饮食上讲究科学调剂，保证他的营养，所以孩子的身体一直很健康。

我们尽量给孩子创造温馨的家庭环境和学习条件。我们家庭和睦、孝敬老人、礼貌待人，作为父母，我们以身作则，在各方面为孩子做出榜样。

刘镇宁父亲教子体会，相信对每一位父母都会有所启迪，假若每一位父母都能像他那样教育子女，何愁孩子不出色！

主要参考书目

1.徐厚桂编著:《为了孩子》,广西师范大学出版社,广西,1993年。

2.陈宇华主创:《新素质教育宝典》,中国经济出版社,北京,2002年。

3.吉林人民出版社编:《新家庭手册》,吉林人民出版社,吉林,1983年。

4.申剑等主编:《当代家庭理财》,当代中国出版社,北京,2002年。

5.浩瀚、李林娟主编:《时尚家庭生活丛书》,青岛出版社,青岛,2001年。

6.阿浓著:《开心家庭启示录》,华东师范大学出版社,上海,1998年。

7.程超泽著:《家庭情商:协调家庭关系的技巧》,群众出版社,北京,2002年。

8.曹雷等编著:《恋爱·婚姻·家庭800问》,安徽科学技术出版社,合肥,2002年。

9.宋希仁主编:《家庭文化》,中国方正出版社,北京,2002年。

10.姚勤文著:《家庭心理护照:家庭成员走向21世纪健康与教育的“通行证”》,上海辞书出版社,上海,2002年。

11.徐岫茹、王文雄编著:《会爱胜痴爱最贵是亲情:家庭成员间的相处技巧与心理调适》,山东科学技术出版社,济南,2000年。

12.丁珂编著:《夫妻的超级幽默》,地震出版社,北京,2002年。

儒林外史(缩印本)	9.00元	山水奇观	7.90元
老残游记(精装)	13.50元	台湾风景名胜对联大观	12.00元
杨家将演义(精装)	18.00元	字谜解析	18.00元
杨家将演义(平装)	13.50元	灯谜猜制入门	7.80元
杨家将演义(缩印本)	5.00元	幽默笑话200则	4.50元
醒世恒言	35.00元	幽默笑话(续集)400则	8.00元
喻世明言	26.00元	情侣幽默笑话400则	8.00元
警世通言	26.00元	夫妻幽默笑话660则	12.00元
镜花缘	25.00元	校园学子幽默笑话370则	7.00元
三国演义(一卷本)	21.00元	艺苑幽默笑话400则	7.50元
水浒传(一卷本)	26.00元	饮酒醉酒幽默笑话300则	5.50元
西游记(一卷本)	23.00元	常用歇后语1800条	5.00元
红楼梦(一卷本)	29.00元	成语歌谣400首	10.00元
古文精选	15.50元	成语歌谣(续集)400首	10.00元
古文观止(精装)	26.00元	中华传统蒙学经典	23.00元
唐诗精选(精装)	29.00元	中华谱牒知识问答	12.50元
唐诗精选(缩印本)	9.00元	经典民间情歌	16.00元
宋词精选	21.00元	中国古代经典奇案	25.00元
三苏诗选	11.00元	怎样给人留下好印象	14.00元
古典爱情诗词300首	30.00元	我们身边的世界品牌	16.00元
怎样写应用文	6.00元	青年赠言手册	15.00元
实用对联三千副	7.00元	世界商战经典案例	29.00元
行业对联三千副	6.50元	中小企业如何做强做大	18.00元
风景对联三千副	7.50元	中小企业如何节省成本	17.00元
巧妙对联三千副	9.00元	中小企业如何开发新产品	17.00元
喜庆对联三千副	6.50元	中小企业员工培训游戏	18.00元
古今灯谜三千条	5.00元	学点幽默	5.50元
新编巧妙对联	17.00元	奇闻趣事180则	6.00元